城市建设档案
数字化建设与管理研究

戴丽莉 张会宽 李雅萱 著

北方文艺出版社

哈尔滨

图书在版编目(CIP)数据

城市建设档案数字化建设与管理研究 / 戴丽莉, 张会宽, 李雅萱著. -- 哈尔滨：北方文艺出版社, 2022.7
ISBN 978-7-5317-5592-0

Ⅰ.①城… Ⅱ.①戴… ②张… ③李… Ⅲ.①数字技术 – 应用 – 城市建设 – 档案管理 – 研究 Ⅳ.①G275.3

中国版本图书馆CIP数据核字(2022)第085814号

城市建设档案数字化建设与管理研究
CHENGSHI JIANSHE DANGAN SHUZIHUA JIANSHE YU GUANLI YANJIU

作　者 / 戴丽莉　张会宽　李雅萱
责任编辑 / 周洪峰　　　　　　　　　　封面设计 / 左图右书

出版发行 / 北方文艺出版社　　　　　　邮　编 / 150008
发行电话 / (0451)86825533　　　　　　经　销 / 新华书店
地　址 / 哈尔滨市南岗区宣庆小区1号楼　网　址 / www.bfwy.com
印　刷 / 湖北诚齐印刷股份有限公司　　开　本 / 787mm×1092mm　1/ 16
字　数 / 160千　　　　　　　　　　　　印　张 / 13.25
版　次 / 2022年7月第1版　　　　　　　印　次 / 2022年7月第1次印刷
书　号 / ISBN 978-7-5317-5592-0　　　　定　价 / 57.00元

作者简介

AUTHOR

戴丽莉，女，1982年2月生，河北唐山人，法学学士，档案系列副研究馆员。2008年至今，在唐山市城市建设档案馆从事档案专业技术工作。近年来，主要参与完成河北省建设科技计划项目课题1项、唐山市社科联课题2项，参编河北省工程建设资料管理标准1部，发表学术论文10余篇，出版专著1部。获河北省开发利用档案优秀服务成果一等奖6项、三等奖1项。主要研究方向为：城建档案管理与开发利用，城建档案在城市规划设计及建设、灾后重建等领域的作用，城建档案数字化管理等。

张会宽，男，1979年8月生，河北昌黎人，本科学历，现任唐山市城市建设档案馆副馆长。主要研究方向为城建档案管理与开发利用，对城建档案数字化管理有较深入的研究，先后发表了《浅谈城市建设档案信息化建设》、《电子政务环境下政府档案管理模式的转变分析》等专业论文，参与制定了《建设工程档案移交责任书制度》、《建设工程声像档案归档整理办法》、《关于开展城建档案异地备份工作的实施方案》等制度文件，并完成了河北省建设科技计划项目《互联网+三维地下管线综合管理信息系统》立项验收工作。

李雅萱，女，1988年生，河北唐山人，建筑与土木工程专业工程硕士。2013年至今，在唐山市城市建设档案馆从事专业技术工作，任馆员职务。近年来，主要参与完成河北省住建厅课题1项、唐山市社科联课题1项,参与河北省档案科技项目2项、唐山市社科联课题1项,参与编写专著《现代档案管理基础理论与实践》。获河北省开发利用档案优秀服务成果一等奖6项、河北省档案学术研究成果一等奖1项、二等奖1项、三等奖1项。主要研究方向为:城建档案管理与开发利用,现代档案在城市建设中的实际应用,城建档案在城市规划设计领域的作用等。

前 言

PREFACE

城市的出现,是人类走向成熟和文明的标志,也是人类群居生活的高级形式。如何科学合理地规划建设并治理城市、促进城市进一步发展是人类社群生活升级所必须面对的问题。伴随城市建设的开展,产生了大量的城市建设档案。我国在20世纪60年代便开始注重城市建设相关档案的收集与整理,并在20世纪80年代正式提出了"城市建设档案"的概念,迎来了城建档案的大发展。

城建档案工作在宏观上整体反映了城市建设发展的水平,从全局上统筹了城市发展工作;在微观上起到了解决城市建设各个细节存在的问题。城建档案工作有别于其他城建活动的环节,城建档案工作涉及城市建设发展的各个方面,贯穿于城市规划、建设管理的每一个细节。因此,城建档案的内容也囊括了城市建设的各个方面,城市发展的各个环节,涵盖了城市规划、建设与管理的信息。可以说,城建档案能反映一个城市的发展程度与历史变迁。城建档案是城市建设活动各个领域和各个环节中专业技术以及管理信息的积累沉淀,它与综合档案管理不同。比起仅侧重于文书管理的综合档案,城建档案是对一个城市变化的动态记载,是对城市历史文化的再现。搞好城建档案工作是发掘和弘扬城市历史文化特色,搭建城市历史记忆的一个重要手段,是城市发展路线的证明,也是城市建设文明的标志。我们要更加重视城建档案的建设,加大对城建档案工作的投资力度，建设专业的城建档案馆，打造专业的城建档案工作队伍，通过城建档案编研挖掘城建档案价值，实施现代化的管理并出台相应的法律法规，保证城建档案的重要地位来辅助城市的科学发展。

随着城镇化进程加快，"智慧城市"的概念应运而生。城市管理数字化已是大势所趋，而要想实现数字化管理，底层数据必不可少，城建档案作为最原始、最可靠、最丰富的数据来源，可以说档案是数字化管理城市的核心所在，是"智慧城市"建设的基石。与城建档案作用于传统的城市建设不同，城市档案要想在建设"智慧城市"上大有所为，城建档案机构必须做出改变。随着城镇化进程的推进，我国的城市建设进入了一段高潮期。人们逐渐认识到城市建设档案数字化建设的重要性和必要性，必须积极推进城建档案信息化建设，使城建档案信息更加有效地收集、整理、处理、存储及共享，如此既能够满足智慧城市持续创新的信息需求，也能够满足人们日常生产生活的信息需求。所以，在智慧城市背景下积极推进城建档案信息化建设具有非常重要的意义。

档案全面、真实地记录了一个城市的发展历程，档案的内容更是一个城市最本质的文化表现，探析档案在城市文化建设中的作用和价值，充分认识档案在城市建设中的重要性，这不仅有利于提升档案工作的文化属性，还有利于促进城市文化的繁荣。因此，本书以城市建设档案数字化建设与管理研究为题，梳理档案和城市建设之间的关系，分析档案在城市建设中作用发挥的现状，剖析档案在城市建设中存在的问题，提出相应的解决对策，以期实现档案与城市建设的互动共赢。

目录

CONTENTS

第一章 城市建设档案概述

城建档案是在城市规划建设及其管理活动中直接形成的历史记录,是城市规划、建设、维修、维护、改建、扩建、防灾、抗灾及灾后恢复建设等的重要依据和凭证。本章主要介绍城建档案定义及相关术语,城建档案的内容、特点、作用、收集、整理及利用,重点是城建档案的收集和整理。

第一节 城市建设档案的内涵

一、档案与城市文化建设的关系

档案与城市文化建设相互促进、相得益彰。一方面,档案既是城市文化建设的重要载体,又是城市文化建设的重要素材和依据;另一方面,城市文化建设既能促进档案价值的提升,又能促进档案的开发利用。

(一)档案是城市文化建设的重要载体

档案是最真实的原始记录,也是城市文化建设的重要载体,档案具有连续性,能够把过去、现在、未来紧密联系在一起,发挥着纽带的作用,同时,档案具有证实城市文化的存在和建设城市文化的功能。真实、完整的城市文化是开展城市文化建设的前提,而档案就是城市文化的集合。假如把城市文化建设比喻成一项塑造城市灵魂的宏伟工程,那么档案就是奠定这项宏伟工程的基石。①

城市文化是由诸多因素共同构成的,档案是人类社会实践的产物,它是政治的载体,经济的载体,更是文化的载体。如果没有档案的存在,那么一座城市的历史和文化必将是残缺不全的。因此,建设真实完整的城市文化,除了要发挥档案的载体作用,还需档案工作者对档案进行一定程度

---

①曾予新,郝伟斌. 城市建设与工程项目档案管理[M]. 北京:中国铁道出版社,2018.

上的选择和利用,得到人们情感所认同的城市文化素材,这样的档案才是城市文化建设的重要载体。档案对城市文化建设的载体价值主要体现在以下三个方面。

首先,档案对城市文化具有考证价值,档案是文化的积累,档案与人类文化活动紧密相连,是人类文化活动的衍生品,人们对城市文化的探究必然需要借助于档案,它是对历史文化最真实的记录,因此,档案对城市文化的研究具有重要的考证价值。

其次,档案作为城市文化建设的载体,具有历史文化传承的作用。档案真实记录了一座城市的历史和文化,档案在城市历史文化延续的过程中发挥着至关重要的载体作用,因为档案本身就是人类社会实践活动的结果,反映了人们在不同阶段的历史文化活动。从某种意义上来说,档案既是历史的记录,又是文化的体现,它记录着一座城市的历史文化,是历史文化传承的重要因素。

最后,档案对城市文化建设具有文化积累的价值。一座城市的发展和进步都离不开一定的文化积累,而档案是历史文化的积累,它是丰富和充实城市文化的重要载体。

(二)档案是城市文化建设的重要素材和依据

一座城市在变迁发展的过程中,会留下反映城市发展印记的实物,如:老照片、地方文献史料等,这些真实存在的实物如实体现了一座城市的历史文化,可作为档案馆的陈列品,充分发挥实物档案的历史文化价值,让市民真正了解他们所生活的城市,加深对城市的认同感。除此之外,某些实物档案具备德育功能,能够让市民以史为鉴,缅怀过去。这些反映城市发展印记的实物档案既是对外传播城市文化的载体,更是对市民进行文化教育的优秀素材。

在城市形成和发展中的过程中,形成了大量丰富且又真实可靠的档案,成了城市文化建设的宝贵资料和重要依据。人口的大量集聚,久而久之就形成了城市,生活在城市中的人们,在不同的时代环境里留下了属于特定历史阶段特点的痕迹,档案记录下了这些痕迹,让我们能够见证一座城市在不同时期的政治、经济、文化等方面的发展状况,开展城市文化建设可从这些痕迹中获取灵感,从档案中获取资源。如从城建档案中可以探寻一座城市的景观文化和历史文化;从地名档案中可以知晓一座城市的文化底蕴等。

档案作为城市文化建设的重要依据主要体现在以下三个方面。

第一,档案是城市物质文化建设的重要依据。城建档案里保存了城市在规划、建设及其管理活动中的各种方案、图表、声像等不同载体的文件材料,利用城建档案可以建设具有城市特色的人文景观和风貌,充分展示城市的形象,这有利于城市物质文化建设。因此,档案是城市物质文化建设的重要依据。

第二,档案是城市制度文化建设的重要依据。档案是各级各类机构、社会组织行使职能、从事管理活动的真实记录,这些记录对于保持该机构、该地区的政策和体制的连续性具有重要作用。从事城市管理的工作人员可以依据这些真实记录去制定政策和相关的制度,处理城市管理过程中出现的问题。档案给城市相关政策和制度的制定提供了重要的依据和参考,因此,档案是城市制度文化建设的重要依据。

第三,档案是城市精神文化建设的重要依据。档案具备教育功能,档案的文化属性决定了档案本身就具备教育功能,发掘并利用真实而丰富的档案文化资源,通过开展爱国主义教育、档案展览等方式让城市居民了解城市的历史文化,增强市民对城市的认同感和归属感。除此之外,可以通过档案编研的形式,向市民介绍革命先烈的英勇故事以及人民群众奋发拼搏的感人事迹,帮助市民树立良好的价值观,形成良好的精神面貌。因此,档案是城市精神文化建设的重要依据。

总之,无论是以何种方式、何种载体形成的档案,档案仅仅是对城市文化的反映和记录,以一种物化的形态存在着,开展城市文化建设需要从能够反映城市文化特色的档案中获取资源和灵感。

(三)城市文化建设促进档案价值的提升

在城市文化建设过程中,通过对档案的挖掘和开发利用促进了档案价值的提升,在这一过程中,二者相得益彰。建设城市文化就是要充分发挥档案的现实价值和潜在价值,实现档案的凭证价值和情报价值,最终实现档案的社会价值,具体来说,城市文化建设促进档案价值的提升主要体现在以下两个方面。

第一,促进档案社会价值的提升。城市是社会结构中的重要组成部分,城市文化更是社会文化中不可或缺的一部分,优秀的城市文化不仅能促城市经济的发展,更能促进社会的进步,要想打造一流的现代化大都市,必须依托于优秀的城市文化,而建设优秀的城市文化,须从档案中汲取营养,为城市文化建设提供新鲜的血液。在这一过程中,极大地提升了档案的社会价值。

第二,促进档案育人价值的提升。城市精神文化建设是城市文化建设的核心,优秀的城市精神文化不仅可以鼓舞人心,给人以思想道德方面的教育,而且有助于市民树立正确的人生价值观,向社会传播正能量。有研究表明,国内外很多档案馆都逐渐成为育人的首选基地,因为档案中有着强感染力的教育案例,向市民分享这些强感染力的教育案例,极大地促进了档案育人价值的提升。

(四)城市文化建设促进档案的开发利用

在建设城市文化的过程中,通过挖掘档案信息资源,促进了档案的开发利用。对档案开发利用的形式主要有深化档案编研、制作档案文化产品、举办档案展览等,随着大数据和多媒体技术的应用,档案开发利用的形式也日益丰富,如:网上档案展览等。无论是传统意义上的档案利用形式,还是现代意义上的档案利用形式,最重要的是要使档案转化成城市文化建设的"知识库",使档案与城市文化建设建立起某种联系,进而促进档案信息资源的开发利用。

二、城建档案的定义及相关术语

(一)城建档案定义

城建档案是指在城市规划、建设及其管理活动中直接形成的对国家和社会具有保存价值的文字、图纸、图表、声像、电子、实物等不同形式和载体的历史记录。

此定义明确了城建档案的形成领域,规定了城建档案和其他档案的区别;明确了城建档案的价值属性;揭示了城建档案的本质属性以及明确了城建档案的存在形式。城建档案是在城市规划、建设及其管理活动中直接形成的原始的第一手材料,是城市规划、建设及其管理活动最真实的记录和反映,是城市规划、建设及其管理活动结束后的重要成果之一。

(二)与城建档案相关的术语

1.建设工程

经批准按照一个总体设计进行施工,经济上实行统一核算,行政上具有独立组织形式,实行统一管理的建设工程基本单位。它由一个或若干个具有内在联系的单位工程组成。

2.单位工程

指具有独立的设计文件,竣工后可以独立发挥生产能力或工程效益的工程,是建设工程项目的组成部分。

3.建设工程文件

在工程建设过程中形成的各种形式的信息记录,包括工程准备阶段文件、监理文件、施工文件、竣工图和竣工验收文件,简称为"工程文件"。

4.工程准备阶段文件

工程开工以前,在立项、审批、用地、勘察、设计、招投标等工程准备阶段形成的文件。

5.监理文件

监理单位在工程设计、施工等监理过程中形成的文件。

6.施工文件

施工单位在施工过程中形成的文件。

7.竣工图

工程竣工验收后,真实反映建设工程施工结果的图样。

8.竣工验收文件

建设工程项目竣工验收活动中形成的文件。

9.建设工程档案

在工程建设活动中直接形成的具有归档保存价值的文字、图纸、图表、声像、电子文件等各种形式的历史记录,简称"工程档案"。

10.建设工程电子文件

在工程建设过程中通过数字设备及环境生成,以数码形式存储于磁带、磁盘或光盘等载体,依赖计算机等数字设备阅读、处理,并可在通信网络上传送的文件。

11.建设工程电子档案

工程建设过程中形成的,具有参考和利用价值并作为档案保存的电子文件及其元数据。

12.建设工程声像档案

记录工程建设活动,具有保存价值的,用照片、影片、录音带、录像带、光盘、硬盘等记载的声音、图片和影像等历史记录。

13.整理

按照一定的原则,对工程文件进行挑选、分类、组合、排列、编目,使之有序化的过程。

14.案卷

由互有联系的若干文件组成的档案保管单位。

15.立卷

按照一定的原则和方法,将有保存价值的文件分门别类整理成案卷,亦称组卷。

16.归档

文件形成部门或形成单位完成其工作任务后,将形成的文件整理立卷,按规定向本单位档案室或向城建档案管理机构移交的过程。

17.城建档案管理机构

管理本地区城建档案工作的专门机构,以及接收、收集、保管和提供利用城建档案的城建档案馆、城建档案室。

18.永久保管

工程档案保管期限的一种,指工程档案无限期地、尽可能长远地保存下去。

19.长期保管

工程档案保管期限的一种,指工程档案保存到该工程被彻底拆除。

20.短期保管

工程档案保管期限的一种,指工程档案保存10年以下。

三、城建档案的内容

城建档案有以下的内容:①城市规划、建设的基础资料;②城市勘察、测绘档案;③城市规划档案;④城市建设管理档案;⑤城市市政工程档案;⑥城市公用设施档案;⑦城市交通运输设施档案;⑧城市工业、民用建筑工程档案;⑨风景名胜、城市园林绿化档案;⑩城市防洪工程档案;⑪城市人防和与城市建设有关的军事工程档案;⑫抗震防灾工程档案;⑬城市环境保护档案;⑭城市建设科学研究和标准、规范方面的档案;⑮城镇建设和用地档案;⑯军事工程中,除军事禁区和军事管理区以外的穿越城乡行政区域的地下管线走向和有关隐蔽工程的位置图。

四、城建档案的特点

（一）综合性

城建档案产生、形成于城市规划、城市建设、城市管理等部门或单位，涉及的系统及其专业面广，随着城市建设的发展，新的公共市政事业的兴起，其范围还在不断扩大，这就决定了城建档案具有涉及面广、综合性强的特点。

（二）地域性

城建档案是城市规划、建设及其管理工作的历史记录，是一个城市的面貌和发展过程的真实记录和反映。城市的地域性，决定了城建档案内容及其作用的地域性。

（三）成套性

成套性是指围绕一个独立的城市规划、建设项目全过程所形成的档案是一个有机联系、密不可分的整体。在城建档案的收集、整理、保管环节都应当维护其成套性和完整性。

（四）动态性

城市规划、建设及其管理工作是一个延续不断、永无止境的动态体系。城建档案应真实反映城市的状况，随着城市规划、建设及其管理工作的推进和完善，城建档案应不断修改、补充。

五、城建档案的作用

城建档案作为城市规划、建设及其管理活动的历史记录，是科技工作者劳动和智慧的结晶，是珍贵的科技资源，是城市的无形资产，其在领导决策、城市规划、城市建设、解决产权纠纷、城市管理以及各种灾后恢复重建等方面可发挥重要的作用。

第一，城建档案是积累城市建设经验，进行城市建设技术储备的手段。城建档案是城市建设活动的产物，它真实记载了城市建设活动的思想、过程和成果，是城市建设者和管理者劳动和智慧的结晶，这就赋予了城建档案具有积累城建经验，储备城建资源的作用。

第二，城建档案是城市规划、建设和管理的主要依据和条件。城建档案作为城市规划、建设和管理活动的历史记录,它真实反映了城市从无到有、从小到大、从落后到先进的发展历程,是人们对城市进行规划、建设和管理的智慧结晶。只有以档案为依据,才能够进行科学的城市规划、建设和管理,克服盲目性,少走弯路,避免浪费和损失。

第三,城建档案是城市维修、维护、改建、扩建的依据。城建档案作为城市规划、建设及其管理活动的历史记录,真实记录和反映了城市建设工程的全过程,因此它是城市维修、维护、改建、扩建的依据。

第四,城建档案是城市防灾、抗灾、减灾及灾后恢复建设的重要依据。城建档案是城市工程建设、地下管线等建筑物、构筑物的真实记录和反映,要提高城市建筑物、构筑物的防灾、抗灾、减灾能力离不开原有的城建档案,城市灾后恢复建设同样离不开城建档案。

第五,城建档案中的城市人防、军事档案是城市设防和反侵略战争的依据。

第六,城建档案是土地征用、房地产产籍、产权的法律性依据。土地征用、各种审批文件、建筑执照、产权所有证等档案,是城市房地产管理的历史凭证,是解决产权纠纷的法律依据。

(一)档案对城市物质文化建设的作用

城市物质文化在体现城市形象、凸显城市历史文化底蕴、打造城市品牌等方面发挥着非同小可的作用,优秀的城市物质文化能在无形中感染并教育人。一座城市的建筑、道路、布局等,尤其是人文景观雕塑都是城市物质文化建设的重要组成部分,这些可被感知的物质文化展现了一座城市的自然和人文环境,彰显了一座城市的文化底蕴和人文内涵。进行城市物质文化建设时,可从档案中获取关于城市建设的经验和记录,作为城市规划设计的重要参考,把档案中能够体现城市特色的元素转换成真实存在的物体,将档案中记录的环境规划信息运用到城市外部环境建设中,为城市景观增添色彩,给市民提供一个舒适健康的城市环境,增强市民的认同感和归属感。而档案对城市物质文化建设的作用主要体现在促进城市文化景观建设上。

文化景观又称为人文景观,它是在自然景观的基础上,融入文化元素而构成的景观,是人类作用和影响的产物。构建一座城市的物质文化景观建设,可从一座城市的城建档案、家庭档案和名人档案入手。

首先,从城建档案中获取资源和灵感。城建档案形象并准确地记录下了一座城市的空间布局形态、整体风貌和独特的建筑风格,这是认知一座城市文化景观的最好凭证。因此,城建档案所记录的信息是城市文化景观建设的最佳依据。如:山东省德州市具有悠久的历史,深厚的文化底蕴。位于德州市中心的明月湖风景区是德州市民的重要文化休闲区之一,为进一步提升明月湖风景区的文化休闲功能,在原有的基础上又修建了老地图地雕、明月湖牌坊、古南门城墙等具有重要历史文化意义的建筑。其中,修建老地图地雕就是从德州市城建档案馆中馆藏地图档案里获取的灵感。在明月湖风景区建设方案设计论证过程中,人们在德州市城建档案馆中找到了两幅老地图:一个是1934年德县第一区分图,另一个是清朝宣统三年(也就是1911年)的德州城图,经过精心设计,修建了两个老地图地雕,将地图上呈现出的信息以物化的形态更加形象直观地呈现给人们,展现了德州的历史风貌与建筑特色,使德州市民更加知晓城市发展的轨迹,感受城市的历史文化。正是城建档案内容的丰富性才为城市物质文化建设提供了无限的可能性。

其次,从家庭档案中获取资源和灵感。家庭档案是家庭人员在家庭生活和社会活动中形成的具有保存价值的各种文字、图表、音像及其他各种形式的记录。"吴氏家族"在扬州可以说是家喻户晓,妇孺皆知,尤其是"吴家四杰"是扬州市民津津乐道并引以为傲的传奇。"吴氏家族"所传达出的重教育、读书报国的家风值得后人敬仰和学习。正是"吴氏家族"具有这种优良的家风,具有重要的文化教育价值,扬州市档案馆自2010年起,开始"吴氏家族"档案的征集工作。通过扬州市档案馆工作人员坚持不懈的努力,截至2018年1月,扬州市档案馆已征集"吴氏家族"珍贵档案1438件,从"吴道台宅第"的两位主人吴引孙、吴筠孙兄弟开始,涵盖吴家四代人。扬州吴道台宅第建于1904年,是江苏省文物保护单位,测海楼是吴道台宅第的精华建筑,现用作扬州院士展厅,扬州市委、市政府在其建设"扬州院士馆"时,扬州市档案馆积极协助配合,提供了大量真实的档案资料。展馆分为四大板块:前言、中国院士制度简介、扬州籍院士生平事迹介绍、"吴门四杰"介绍,展馆的建立有利于对市民开展科普教育。扬州市档案馆通过对吴氏家庭档案的利用,为吴道台宅第的修建提供了大量翔实的档案资料,有效促进了扬州市的文化景观建设,更是向市民传达出了扬州市重教育、重文化的优良传统。因此,通过对家庭档案的收集和整理,能有效促进城市文化景观建设。

最后,从名人档案中获取资源和灵感。随着我国城镇化进程的加快,城市雕塑在城市发展过程中扮演着越来越重要的角色。作为一种大众化的艺术作品,它具有视觉欣赏和文化熏陶的双重作用,在某种程度上能够展现一座城市的物质文化。因此,城市里的人文景观雕塑是城市物质文化建设的重要组成部分。修建城市中的人文景观雕塑可从名人档案中获取灵感,充分利用名人档案中的信息资源,发掘出与城市发展紧密相关的名人和名人们的优秀事迹,建立名人的雕像。除此之外,还可以以某一主题将某些名人联系在一起,找出这些名人间的相关性,建立主题公园。比如:从档案中找出古代(1840年以前)、近代(1840年—1919年)、现代(1919年—1949年)出现的历史名人,搜集整理出与这些历史名人相关的资料,建立主题公园。

不管是从城建档案中获取的资源和灵感,还是从家庭档案和名人档案中获取的资源和灵感,都体现了档案在促进城市文化景观方面的重要作用。

(二)档案对城市制度文化建设的作用

一座城市经过长久的规范管理和制度管理后,便逐渐形成了自身的制度文化,它是一种实体化的存在,是由人的交往需求而产生的合理地处理个人之间、个人与全体之间的行为准则规范。而档案对城市制度文化建设的作用主要体现在修订完善规章制度,挖掘借鉴城市管理经验。

正是有了各项的规章制度,才使得城市更加地井然有序,才使得城市管理更加地得心应手。在城市的发展过程中,管理起着至关重要的作用,为了便于城市的管理,促进城市的发展壮大,则需建立各种相关的规章制度,为完善各项相关规章制度,丰富城市制度文化,可从历史档案中获取灵感和源泉。历史档案中记载并保存了城市不同时期的相关制度文件,这对城市中各项规章制度的制定和完善具有重要的借鉴意义。作为城市管理者,应重视这笔宝贵的档案信息资源,对相关的制度文件进行整理,在前人管理城市的经验基础之上,取其精华,推陈出新,制定出符合城市发展和时代要求的制度,不断改善城市管理的方式方法,为城市的发展壮大提供制度保障。

（三）档案对城市精神文化建设的作用

城市精神文化建设是城市文化建设所要实现的最高价值追求,是城市文化建设的核心和重点。城市精神文化建设并非一朝一夕的事,它需要经过时间的积累和磨合,档案与人类实践活动密切相关,档案真实记录了城市的历史发展,开展城市精神文化建设,可从档案信息资源中挖掘出与城市精神文化有关的内容,然后再对挖掘出的档案信息资源高度凝练,最后,依托各种直观生动的形式将这些高度凝练的档案信息资源呈现给市民,让市民接受精神文化教育,更加深刻了解城市,这有利于培育良好的社会风尚,凝聚城市精神力量,增强市民对城市的认同感和归属感。

1.提升城市知名度,增强城市文化自信

提高城市知名度的方法多样,可以通过文化宣传片来提高城市知名度;可以通过打造城市名片,进行城市品牌建设来提高城市知名度;又或者可以通过举办某种大型活动来提高城市知名度。如何借助档案来提高城市知名度,增强城市文化自信呢? 笔者认为可以从一个城市的历史名人档案中获取灵感。正确利用历史名人效应,不仅可以提高城市知名度,还可以带动当地旅游业的发展。档案作为文化现象的载体,真实反映了地域文化特征。中国近代伟大的民主革命先行者孙中山先生在中国历史上留下了不可磨灭的功勋,习近平总书记在纪念孙中山先生150周年诞辰大会上高度肯定了他为争取民族独立、促进社会进步、谋求人民幸福而做出的伟大贡献。作为中国近代革命思潮发源地之一的中山市,为弘扬孙中山先生伟大的革命精神和崇高的品德,中山市政府从档案出发,搜集并查阅近现代重要历史事件档案和大量的历史名人档案,通过对这些档案的整理,梳理以孙中山先生为主的众多在中国近代史上对中国政治、经济、思想、文化等做出重要贡献名人事迹及历史事件,理顺了中山名人文化体系。除此之外,中山市为推广"孙中山故乡"这一品牌,积极开展孙中山文化工程,大力弘扬孙中山先生的伟大革命精神和崇高品格,极大地提高了城市知名度,增强了城市文化自信。除了中山市利用历史名人档案来提高城市知名度,增强城市文化自信之外,淮安市也是积极利用历史名人档案来提高城市知名度,增强城市文化自信。作为中国古典四大名著之一的《西游记》具有极高的历史价值、文学价值和艺术价值等,在海内外具有极高的知名度。该著作的成功源自吴承恩先生呕心沥血的创作。

1982年,在江苏省淮安市首次举行了《西游记》学术讨论会,为表达对吴承恩先生的敬仰之情,在先生逝世400周年之际,当时的淮安县政府集齐各方力量,专门调查吴承恩先生的生平事迹。当时,人们对于吴承恩先生的住处并不清楚,只知他是淮安河下人。最后,淮安县政府通过查阅相关的档案史料,找出了这样的记载:"射阳穆,前明贡生吴承恩书屋门东向,入门而北,重门编窝为之。院中花木丛茂,春秋犹胜。正厅三楹,迤西更筑二室,分内外为二,颇修洁。西窗外,竹林神秘"。淮安县政府借助这段档案史料的记载,并在参考明代建筑样式的基础上,在原址重建了吴承恩故居。吴承恩故居的重建,一方面寄托了人们对这位文学巨匠的敬仰之情,另一方面也是借助历史名人效应,提高了城市知名度。

总之,无论是"孙中山故乡"的品牌推广,还是吴承恩故居的重建,都是从档案中获取的资源和灵感,依托丰富的档案信息资源来提升城市知名度,增强城市文化自信。这种无形的精神文化力量,充分展示了档案在城市精神文化方面的作用。

2.促成城市文化认同,凝聚城市精神力量

城市精神文化来源于市民,它是市民在长期实践活动过程中形成的;反过来,城市精神文化又以渗透性的力量影响着市民。档案真实记录了城市在不同时期的发展轨迹,其中蕴含的丰富资源反映了一座城市的璀璨文化,是一座城市宝贵的精神财富。通过对相关档案资源的挖掘与开发,搜集并整理与城市精神文化发展密切相关的档案信息,将城市发展历程中所表现出的团结友爱、勤劳勇敢、自强不息等精神以举办档案展览等形式展现给市民,给人们带来心灵上的震撼和精神上的洗礼,这不仅能让市民加深对城市的认同,提高其自豪感,增强其归属感,更能凝聚城市精神力量,从而转化成推动社会进步的巨大动力。如:上海档案馆外滩新馆于2005年4月举办了以"做时代先锋,为党旗增辉——新中国成立以来上海市共产党员先进事迹"为主题的档案文献图片展。展厅里展出了50名优秀而伟大的共产党员的先进事迹,他们中既有求真务实的领导干部,也有无私奉献的普通党员,他们将个人命运与国家命运紧密结合,默默地为国家奉献,为人民服务,与时代同呼吸,共命运,心连心,为实现伟大的共产主义事业献力,甚至献出自己宝贵的生命。展厅里这50名伟大的共产党员身上所展现出精神风貌和英雄本色深深地震撼了每一位参观者的心,使人们深刻认识了这座国际化大都市的岁月钩沉和沧桑变化,切身感受到在上海的历史进程中每位优秀党员身上所展现出的宝贵精神。档案中展现出来的城市精神文化在传承中不断升华,为城市的文化建设营造了浓厚的文化氛围,进而促进市民对城市文化的认同,凝聚城市精神力量,并最终转化为促进和推动城市发展的巨大精神动力。

3.展现城市文化底蕴,提升城市文化品位

一方面,档案记录了城市在不同历史发展阶段留下的痕迹,随着城市的不断演进与发展,档案的内容得到不断的充实与完善,另一方面,档案具备文化传承与教育的功能,为城市的发展积蓄文化底蕴。因此,档案与城市发展相辅相成,档案在展现城市文化底蕴,提升城市文化品位方面具有重要作用。

发源于扬州、淮安两地的淮扬菜是中国传统四大菜系之一,为弘扬美食文化,打造"吃在淮安,创业在淮安"这一品牌,自2002年始,淮安每年举办"中国淮安·淮扬美食文化节"。在2004年9月举办的第三届美食节上,档案成为节庆活动中的一大亮点,大放异彩。中国第一历史档案馆珍藏了大量反映淮安历史的宝贵档案,为迎接这次的美食节,淮安市政府联手一史馆,推出了《清宫淮安各档展》,使淮安市民们真切感受到这座城市深厚的历史文化底蕴,增强了市民们的自豪感,更是提升了城市的文化品位。

绍兴市也积极利用档案来展现城市历史文化底蕴。已有2000多年建城史的绍兴市是我国重要的历史文化名城之一,尤其是绍兴古城内的地名历史悠久,真实反映了城市在岁月的长河里留下的痕迹,为了展现绍兴城深厚的历史文化底蕴,2006年,绍兴市委积极作为,将编写《绍兴街巷》列入建设文化强市重点工作之中。编写人员从地名档案入手,深入研究绍兴街巷的地名,最终从绍兴街巷地名中归类出了帝王文华、名人文化、山水文化等,为进一步让市民更加深入和更直观地了解绍兴的历史文化底蕴,编写人员以图文并茂的方式将绍兴古城内数百条街巷的地名出典、人物故事、历史沿革等一一介绍给人们,使人们一睹这座古老城市的风采。地名档案记载了城市中各个地理实体的标准名称及相关信息,反映了城市的变迁和发展,是城市文化的重要组成部分,研究具有历史文化底蕴的地名,对于展现地区文化,重现城市发展轨迹,提升城市文化品位等方面具有重要意义。除此之外,苏州市用中英文对照的方式将古街巷的名称、地名出典、历史文脉进行简要介绍,此举既给外地游客带来了方便,又间接向苏州市民展现了古城的历史文化底蕴,充分发挥了地名档案应有的作用。

无论是淮安市政府联手一史馆推出的《清宫淮安秘档展》,还是绍兴市委推出的《绍兴街巷》,都是从档案中获取资源、汲取养分,展现了城市深厚的历史文化底蕴。因此,在参与城市精神文化建设的过程中,档案对于展现城市的历史文化底蕴,提升城市文化品位具有重要的作用。

4.培育良好社会风气,提高市民整体素质

社会风气是社会经济、政治、文化和道德等各方面的综合反映,形成良好的社会风气,不仅可以促进社会经济和政治的发展,还可以帮助人们提升道德素养,提高人们整体素质。由于档案本身就具备文化教育功能,因此,档案在培育城市优良风气方面有着举足轻重的作用。城市社会风气是城市在长期发展过程中不断凝练、积累而成的,体现了城市整体居民的行为规范和精神风貌。良好的社会风气是一座城市重要的文化软实力,在良好社会风气的熏陶下,城市各项管理工作可以有条不紊地开展,市民也积极参与到学习和工作中去,使城市的整体实力逐渐得到提升。而在档案中有不少关于先进人物以及相关事迹的记载,若对其所表现出的崇高的思想理念和高尚的道德情操加以宣传和弘扬,可进而达到价值导向和思想教育的目的,逐渐培育出优良的社会风气。具体来说,档案培育城市优良风气,提高市民整体素质主要体现在以下两个方面:

第一,理想信念教育。通过搜集和整理档案中与城市发展密切相关的历史人物,找出具有教育意义和正能量的人物事迹。利用人们崇拜名人的心理,积极发挥名人效应,再以档案展览等形式将名人身上具备的高尚品格和优秀精神进行传播,对人们进行潜移默化的思想教育。这不仅能加深人们对档案与历史名人的认识,提高人们的认同感;而且能提高人们的思想认识,树立正确的人生价值观。以太仓市档案馆为例,长期以来,该馆积极利用馆藏资源,联手当地教育部门,充分发挥档案文化教育功能,为中小学生开展思想品德教育。2011年,在太仓市朱棣文小学正式启动了由太仓市教育局和太仓市档案局联合主办的"励志青春放飞梦想"太仓名人校园巡回展。自此以后,太仓名人校园展走进中小学生的课堂,通过观看档案展览,不仅让学生们领略了太仓骄子的风采,还陶冶了情操,树立了为家乡、为祖国贡献力量的远大理想,太仓市档案馆深入发掘档案信息资源,发挥档案教育作用,开展主题教育活动,有利于培育良好的社会风气。

第二,家风教育。习近平总书记对家风、家教、家庭有很多深刻的见解,如:"家风是一个家庭的精神内核""家风是社会风气的重要组成部分"等,因此,弘扬优秀的家风对培育良好的社会风气,提升市民整体素质,促进城市精神文化建设具有重要意义。如:上海市档案局联手上海市精神文明建设委员会办公室等单位从档案出发,分别以名人家训、最美家庭、当代家风等模块举办"海上家风展",其中名人家训模块是精选了徐光启、章太炎等16位曾经在上海生活过的各个时期的著名人物,将他们留下的关于家风家训的印迹、留给后人的话语以文字和图片的形式展现给人们。上海市档案局、上海市精神文明建设委员会等单位深入开展的家训家风宣传普及活动,对引导市民道德践行、规范养成,对推进个人品德、家庭道德、社会公德,对弘扬优良家风,培育良好的社会风气具有重要作用。

总之,档案在培育良好社会风气,提升市民整体素质方面具有重要作用,应积极发挥档案的文化教育功能,使档案参与到城市精神文化建设中去。

六、档案在城市文化建设作用发挥中存在的问题及分析

虽然,档案在城市文化建设过程中发挥了重要作用,也取得了一定的成绩,但是,不可否认:现如今,各级各地的档案部门在利用档案参与城市文化建设,发挥档案在城市文化建设中的作用时,还存在着各种各样的问题。只有正视问题,分析问题,才能更好地解决问题。

(一)档案的文化功能认识有待深化

《中华人民共和国档案法》明确规定:中央和县级以上地方各级各类档案馆是集中管理档案的文化事业机构。档案馆作为文化事业机构的重要组成部分,其文化价值理应被人们所重视。但目前来说,档案馆和档案的文化价值和功能还未被社会各界所认知,由于对档案的文化功能认识不明确,阻碍了档案在城市文化建设中的作用发挥。具体来说,人们对档案的文化功能认识不明确主要有以下三个方面的原因:

第一,公众的档案文化意识较弱。长期以来,社会公众受传统档案观念的影响,认为档案是统治者所特有的,主动去接触和利用档案的意识较

弱,导致档案的文化功能难以被社会公众所认知。公众的档案文化意识较弱,直接导致人们对档案的文化功能认识不深刻,无法认识到档案在城市文化建设中的重要作用。

第二,档案馆的文化属性尚不明显。多年来,我国的档案事业取得了长足的进步,提高了档案工作的影响力,但是,档案馆的文化属性尚不明显,档案在城市文化建设中重要作用还未得到充分显现,虽然,档案馆作为文化事业机构的重要一支,但是由于实行局馆合一的档案管理体制,混淆了其文化属性和行政属性,人们更多的是把它认为是党政机关的附属物,并没有把档案部门当作是一个真正独立的文化单位,久而久之,使得档案馆的文化形象难以确立,档案馆的文化属性尚不明显,直接导致人们对档案的文化功能认识不明确。

第三,档案部门忽视对自身的宣传和推广。档案具有与生俱来的文化属性,它是人类社会实践活动的产物,是对政治、经济、文化的反映。多年来,各级各地的档案部门在馆藏档案的基础上,以深化档案编研、举办档案展览、参与城市记忆工程等形式发挥档案在城市文化建设中的作用。但是,由于忽视了对自身的宣传和推广,很多人并不知晓档案部门在城市文化建设上所做出的贡献,并不了解档案在城市文化建设中的重要作用,使得人们对档案的文化功能认识不明确。

因此,各级各地的档案部门除了要采取多种措施,提高公众的档案文化意识外,还应重视对自身的宣传和推广,努力提高人们对档案文化功能的认识,更好地发挥档案在城市文化建设中的积极作用。

（二）档案馆的重视程度有待提升

档案馆隶属于党和国家的科学文化事业机构,其资金来源主要依赖于国家财政拨款,而档案部门利用档案参与城市文化建设是一项十分耗财耗力的工作,政府对档案部门投入少,不仅会使得档案工作人员的工资福利得不到保障,难以发挥档案工作者的主观能动性,降低档案工作者参与城市文化建设的热情,还会致使档案馆基础设施建设跟不上档案工作发展的需要,馆藏资源开发能力有限、信息化建设不完善等问题。因此,政府重视程度不足直接导致档案部门难以支撑在城市文化建设过程中所需的各项资金,限制了档案在城市文化建设过程的作用发挥。

档案部门总是默默地参与城市文化建设和城市记忆工程,注重实干,埋头工作,并不注重对自身的宣传与推广,而社会各界片面地将档案视为党政机关的附属物,片面强调其行政职能而忽视其文化功能性质,未能认清档案馆的文化属性。由于档案部门自身宣传不到位,加之社会各界的偏见,导致社会各界对档案馆的重视度不够,使得档案部门在利用档案参与城市文化建设的过程中难以获得由社会所提供的资金、人才等方面的援助。

因此,提高政府对档案馆的重视度、提高社会对档案馆的关注度对进一步发挥档案在城市文化建设中的作用具有重要意义。

(三)档案部门参与度有待提高

档案在城市文化建设中具有重要作用,而各级各地的档案部门是接收和保存档案的重要单位,在城市文化建设过程中具有得天独厚的资源优势,理应成为城市文化建设的中坚力量。事实证明,各级各地的档案部门在利用档案参与城市文化建设的过程中也是取得了一定的成效,但是由于历史和现实的原因导致档案部门利用档案参与城市文化建设的积极性并不高,未能充分发挥档案在城市文化建设中的作用。具体来说,档案部门利用档案参与城市文化建设积极性不高主要有以下三个方面的原因:

第一,主观因素。虽然档案在城市文化建设过程中作用发挥的成效与诸多外部因素有关,但更多的是与主观因素有关,因为事物发展的决定因素在于内因。长期以来,档案部门的封闭性使得档案工作者缺乏主动服务意识,档案工作者的思维和理念局限在档案馆自身,工作方法偏于保守,积极性不高,等等,这种"关起门来"的工作方式,不利于档案工作者及时了解城市文化建设的需要,难以发现档案与城市文化建设的契合点,进而限制了档案在城市文化建设的作用发挥。因此,档案工作者应转变消极被动的工作理念,树立积极主动的工作意识,融入社会,拉近与人民群众的距离,及时了解城市文化建设的需要,使档案在城市文化建设的过程中大放异彩。

第二,馆藏档案宣传力度差,档案只有在利用中才能体现档案的文化功能,发挥档案在城市文化建设中的作用,而档案宣传则是增强档案工作的影响力,促进档案利用的重要途径。随着信息技术的不断发展,各地的档案部门都相继开通了档案信息网站和微信公众号,档案信息网站和微信公众号变成了各地档案部门宣传馆藏档案的重要阵地。如果对馆藏档案宣传不到位,也会给其他具有文化性质的部门和单位带来不便,因为外来单位也会有利用档案参与城市文化建设的可能性。因此各地档案部门应加大对馆藏档案的宣传和介绍,促成档案利用,为更好地发挥档案在城市文化建设中的作用创造条件。

第三,档案编研的深度和力度不够。档案编研工作是档案部门在馆藏档案资源开发与利用的基础上主动向社会公众提供服务的一种方式,档案编研工作的开展,有利于充分实现档案的文化功能,发挥档案在城市文化建设中的积极作用。自新中国成立以来,尤其是改革开放后,城市经济体制改革的展开,我国城镇化进程逐渐加快,各城市的档案部门接收了大量反映城市发展的档案资料,馆藏档案也是日益丰富,涉及城市生活的各个方面。但就目前的实际情况来看,各地的档案部门依靠档案编研工作参与城市文化建设的效果并不明显。笔者通过浏览并统计我国部分省会城市的档案信息网站关于城市文化建设的档案编研情况,可以得知:各地的档案部门通过档案编研参与城市文化建设的水平参差不齐,无论是在更新时间上,还是在编研产品的数量上,都有着较大的差别。比如:杭州市档案馆在利用档案编研参与城市文化建设的过程中做得较为出色,从建筑、人物、老字号、特产风俗等角度选题,较为全面地揭示了杭州市的文化,这不仅有利于提升城市知名度,展现城市文化底蕴,也有利于促成城市文化认同;海口市档案局仅仅从大事记角度进行选题,只是用简短的文字记录了关于海口市的大事,类似于新闻报道,具体来说,大多数的档案部门利用档案编研参与城市文化的力度和深度还有待提高。大多数的档案部门利用档案编研参与城市文化的力度和深度还不够主要是由于各地档案部门过分重视对档案的保存,而轻视了对档案信息资源的开发与利用,这种"头重脚轻"的工作方式导致了档案编研产品相对较少。除此之外,档案部门长期以来的封闭性,致使档案部门与外界缺乏必要的交流与沟通,难以把握城市文化建设的精髓,加之缺乏专业的档案编研团队,使得档案部门在开展档案编研工作服务城市文化建设的过程中受阻,导致了档案文化资源的开发不合理、资源开发深度不够等一系列问题,影响了档案在城市文化建设中的作用发挥。

(四)档案征集力度有待加强

丰富多样的档案文化资源是发挥档案在城市文化建设中作用的关键,

但各地档案部门还未形成一个种类齐全,结构合理的档案信息资源保障体系,这与各地档案部门的档案收集工作有关,一方面,主要受传统档案观念的影响,我国各市档案馆提供的服务主要面向政府机关,接收和保存的档案大多以政务文件为主,馆藏资源较为单一,虽然,近年来有些档案馆为丰富馆藏资源,力图改变单一的馆藏结构,将反映地方风情和文化的特色档案纳入档案馆的接收范围,但依然未能彻底缓解馆藏结构不合理的尴尬局面,致使档案文化底蕴稍显不足,档案文化功能受阻。馆藏资源的不足在一定程度上限制了档案在城市文化建设中的作用发挥,因此,各地档案部门应加大档案征集力度,拓宽档案收集范围,丰富能反映各类区域文化的特色档案,进而为城市文化建设添砖加瓦,发挥档案的文化功能。另一方面,档案的收集工作既是档案部门利用档案参与城市文化建设的基础性工作,又是重点和难点工作。长期以来,各地的档案部门根据《档案法》的规定依法接收和保管各类档案,大多都是被动地接收档案,主动地去接收和收集档案的较少。除此之外,文化档案资料收集工作是一项庞大而又复杂且需长期坚持的工作,由于缺乏必要的团队和资金支持,使得各类文化档案缺失,难以发挥档案在城市文化建设中的作用。鉴于此,档案部门应转变观念,主动出击,尽可能地去征集和整理城市发展历史进程中的各类文化档案资料,应用多媒体技术对这些档案资料加以保存,进而为城市文化建设提供更多的且真实的素材。由于传统和现实的双重原因,使得各地档案部门的档案收集力度不够,无法为城市文化建设提供丰富的素材,致使档案在城市文化建设过程中难以发挥应有的作用。因此,档案征集力度还有待加强,收集整理范围还有待拓宽。

(五)协同合作机制有待增强

档案馆保存着大量丰富且真实的档案信息资源,各级各地的档案部门也是积极利用馆藏档案,以深化档案编研、举办档案展览、建设爱国主义基地等方式积极参与城市文化建设,发挥档案在城市文化建设中的作用,但是,由于自身能力有限,存在着资金欠缺、人才匮乏等问题,使得对档案信息资源的开发力度不够,在一定程度上限制了档案在城市文化建设中的作用发挥。这就需要各级各地的档案部门汲取外部力量,发挥各自的优势,加大对档案资源的开发力度,充分发挥档案在城市文化建设中的作用。但是,各级各地的档案馆与外界合作的力度并不大,很少与外界共同开发档案信息资源。导致档案馆与外界合作力度小的最重要原因在于档案的机密性。档案利用与档案保密一直是档案工作中的一个矛盾体,发挥档案在城市文化建设中的作用,就是对档案资源进行开发与挖掘,提高档案利用率,但有的档案具有机密性,如果档案馆与外界进行合作,共同利用档案,可能存在外来人员的档案保密性差等问题,导致档案泄密,诱发档案信息安全问题。因此,各级各地的档案部门应在做好档案保密工作的前提下,与外界广泛开展合作,共同挖掘与城市文化相关的档案信息资源,充分发挥档案在城市文化建设中的作用。

(六)相关工作标准及法律法规有待完善

长期以来,档案在参与城市文化建设和城市记忆工程的过程中,发挥了重要作用,也取得了显著成效,各地的档案部门也是积极利用馆藏档案打造了一批反映区域特色文化的档案编研产品和档案文化产品,举办了各种具有文化教育意义的档案展览活动,丰富了市民的精神生活,凝聚了城市精神力量,在一定程度上促进了城市文化的繁荣与发展。虽然,取得的成果颇多,但显得无序而缺乏统一的工作标准。比如:青岛市档案馆运用现代技术手段对城市面貌进行拍摄记录,为城市文化建设提供丰富题材;而杭州市档案馆则通过编纂相关书籍等方式参与城市文化建设,这就说明各地的档案部门参与城市文化建设的形式多样,大多各自为政,使得城市文化建设工作杂乱无章,没有一个统一的实施办法,由于缺乏一个统一的工作标准,会使得各地档案部门在利用档案参与城市文化建设的过程中,产生各种各样的困惑。如:对于收集何种文化类的档案,以何种方式进行收集,以何种形式发挥档案在城市文化建设中的作用等一系列的问题,这必然损耗了不必要的时间和精力,阻碍了档案在城市文化建设过程中的作用发挥,影响了档案工作开展的成效。因此,急需形成一套完善的关于档案参与城市文化建设的方案,并制定统一的工作规范和标准,使得档案在城市文化建设过程中作用的发挥更加标准化和规范化。

此外,缺乏直接针对关于档案参与城市文化建设的法律法规和条例制度。现如今,并没有从法的角度规定各级各地的档案部门在城市文化建设过程中应承担的责任,有的档案部门只是自发地参与城市文化建设。如果以立法的形式规定了档案部门在城市文化建设过程中应当承担的责任和履行的义务,就能更好地发挥档案在城市文化建设过程中的重要作用。

因此,统一工作标准和健全相关的法律法规和条例制度,对发挥档案在城市文化建设中的作用具有重要意义。

第二节 城市建设档案的收集

一、城建档案的收集范围

第一,城市建设工程档案的主要内容包括:工业与民用建筑、市政基础设施、公用基础设施、交通基础设施、园林建设和风景名胜建设、市容环境卫生设施建设、城市防洪、抗震、人防等工程档案及军事工程中,除军事禁区和军事管理区以外的穿越城乡行政区域的地下管线走向和有关隐蔽工程的位置图。根据《建设工程文件归档规范》(GB/T50328-2014)第四条规定:"对与工程建设有关的重要活动、记载工程建设主要过程和现状,具有保存价值的各种载体的文件,均应收集齐全、整理立卷后归档。"各工程文件的具体归档范围应符合《建设工程文件归档规范》附录A和附录B的要求。①

第二,建设系统各行业管理部门形成的建设系统业务管理档案和业务技术档案。

第三,有关城市规划、建设和管理的方针、政策、法规、计划方面的文件、科学研究成果和城乡历史、自然、经济等方面的基础资料

第四,城市建设工程声像资料的归档范围和质量要求应符合现行行业标准《城建档案业务管理规范》(CJ/T158)的要求。

城建档案管理机构声像档案收集范围如下:记录城市规划、建设和管理的重大活动和事件的声像档案;记录重要人物在本地区各种城市建设工作中的重大活动的声像档案;记录国际城市建设的各种交流活动的声像档案;记录具有历史意义的建筑物、构筑物、名胜古迹、市容市貌的声像档案;记录城市地理风貌特征,城乡建设前后面貌、景观,城市变迁及社会风情的声像档案;记录自然灾害、各种突发事件、抢险救灾的声像档案;记录重大工程建设活动的声像档案;其他具有长期保存价值的声像档案。

①四川省档案局. 专业档案管理[M]. 成都:四川人民出版社,2017.

工程建设活动声像档案收集范围如下:反映工程原址、原貌及周边状况的声像档案;记录工程建设活动的重大活动、重大事件,如拆迁情况、招商引资、签约仪式、工程招投标、奠基仪式等的声像档案;记录基础施工过程中工程测量、放线、打桩、基槽开挖、基桩处理等关键工序的声像档案;记录主体工程施工过程中施工现场整体情况,钢筋、模板、混凝土施工,隐蔽工程施工,内外装修装饰的声像档案;反映工程采用各种新技术、新材料、新工艺的声像档案;记录工程重大事故第一现场、事故指挥和处理措施、处理结果等情况的声像档案;记录工程验收情况、竣工典礼的声像档案;反映竣工后的工程面貌的声像档案。不属于归档范围、没有保存价值的工程文件,文件形成单位可自行组织销毁。

二、城建档案的收集时间

第一,建设单位应该收集建设工程的勘察、设计单位任务完成后,施工、监理单位工程竣工验收前,各自形成的有关工程档案。

第二,城建档案管理机构应收集建设单位列入城建档案管理机构接收范围的工程档案,在工程竣工验收后3个月内接收一套符合规定的工程档案。列入城建档案馆接收范围的工程,建设单位在组织竣工验收前,应提请城建档案管理机构对工程档案进行预验收。对预验收合格的出具建设工程档案预验收认可文件建设工程档案预验收意见书,作为建设工程规划验收、竣工验收和办理建设工程竣工备案手续的条件之一;对不符合要求的,提出限期整改意见。

第三,城建档案管理机构应在工程竣工验收备案前收集地下管线工程档案。

第四,城建档案管理机构接收永久和长期保存的档案。建设系统各行业管理部门形成的各种业务管理档案,应及时向本单位档案机构移交,并在本单位保存使用1年至5年后,将永久和长期保存的档案向城建档案管理机构移交。

第五,城建档案管理机构应在3个月内收集城市地下管线普查和测绘工作结束后形成的地下管线档案。

第六,城建档案管理机构应接收地下管线专业管理单位每年报送一次的更改、报废、补测部分或修测的地下管线现状图和资料。

第七,建设单位应接收停建、缓建建设工程的档案。

第八,城建档案管理机构应在工程竣工验收后3个月内收集改建、扩建和维修工程中建设单位组织设计的、施工单位对改变部位据实编制的工程档案。

三、城建档案的收集要求

(一)形成、积累与归档要求

第一,城建档案形成单位的档案收集工作分工。工程建设、勘测、设计、施工、监理等单位负责收集本部门在工程建设活动中形成的应归档的工程文件;建设单位负责收集和汇总勘测、设计、施工、监理等单位移交的工程文件;建设系统各行业管理部门的档案室负责收集本单位产生的应归档的业务管理文件。

第二,城建档案形成单位应建立健全。文件材料的形成、积累与归档的规章制度,明确归档途径与方法。

第三,建设单位在工程招标及与勘察、设计、施工、监理等。单位签订合同、协议时,应对竣工图的编制单位、工程档案的编制套数、费用、质量、移交时间等提出明确要求。

第四,工程文件形成单位应将文件形成、积累和归档纳入工程建设管理的各个环节,纳入有关人员的职责范围和考核内容中,明确专人负责收集和积累工程文件,做到工程文件的收集、整理、归档与建设工程的进度保持同步。

第五,勘察、设计、施工单位在收到工程文件并整理立卷后,建设单位、监理单位应根据城建档案管理机构的要求,对归档文件的完整、准确、系统情况和案卷质量进行审查。审查合格后方可向建设单位移交。移交档案时,应编制移交清单,双方签字、盖章后方可交接。

第六,建设单位的档案部门应参与工程的竣工验收,检查档案的真实性、完整性、准确性和系统性,检查文件材料是否符合归档要求。

(二)归档文件的质量要求

归档的纸质工程文件应为原件;工程文件的内容及其深度应符合国家现行有关工程勘察、设计、施工、监理等标准的规定;工程文件的内容必须真实准确,应与工程实际相符合;工程文件应采用碳素墨水、蓝黑墨水等耐久性强的书写材料,不得使用红色墨水、纯蓝墨水、圆珠笔、复写纸、铅笔等易褪色的书写材料;计算机输出文字和图件应使用激光打印机,不应使用色带式打印机、水性墨打印机和热敏打印机;工程文件应字迹清楚,图样清晰,图表整洁,签字盖章手续应完备;文字材料幅面尺寸规格宜为A4幅面(297mm×210mm),图纸宜采用国家标准图幅;工程文件的纸张应采用能长期保存的韧力大、耐久性强的纸张;所有竣工图均应加盖竣工图章,竣工图章的基本内容应包括:"竣工图"字样、施工单位、编制人、审核人、技术负责人、编制日期、监理单位、现场监理、总监,竣工图章应使用不易褪色的印泥,盖在图标栏上方空白处;竣工图的绘制与改绘应符合国家有关制图标准的规定;照片、录像带、录音带、光盘等制作好之后,由拍摄者或承办单位整理并编写文字说明,及时向本单位档案室归档,或与其他载体一起归档;声像材料必须是原版、原件并保证载体的有效性,底片、正片相符;归档的建设工程电子文件应采用开放式文件格式或通用格式进行存储,专用软件产生的非通用格式的电子文件应转换成通用格式;归档的建设工程电子文件应包含元数据,保证文件的完整性和有效性,元数据应符合现行行业标准《建设电子档案元数据标准》(CJ/T187)的规定;归档的建设工程电子文件应采用电子签名等手段,所载内容应真实和可靠,其内容必须与其纸质档案一致;离线归档的建设工程电子档案载体,应采用一次性写入光盘,光盘不应有磨损、划伤;存储移交电子档案的载体应经过检测,应无病毒、无数据读写故障,并应确保接收方能通过适当设备读出数据。

城建档案,尤其是地下管线工程由于其隐蔽性强等特殊性,工程文件在收集整理过程中,整套材料必须要求保留原件,如果个别工程文件因各种原因确实无法收集原件的,应补充编制所缺原件,注明补充原因、补充编制时间和编制人,或在复印件上注明抄送人、抄送时间、原件去处或存在地,监理部门注明"与原件相符"等字样并签章,缺一不可。

电子文件归档应包括在线式归档和离线式归档两种方式,可根据实际情况选择其中一种或两种方式进行归档。

城建档案管理机构应对工程文件的立卷归档工作进行监督、检查、指导。在工程竣工验收前,应对工程档案进行预验收,验收合格后,必须出具工程档案认可文件。

城建档案管理机构在进行工程档案预验收时,应查验下列主要内容:工程档案齐全、系统、完整,全面反映工程建设活动和工程实际状况;工程档案已整理立卷,立卷符合规定;竣工图的绘制方法、图式及规格等符合专业技术要求,图面整洁,盖有竣工图章;文件的形成、来源符合实际,要求单位或个人签章的文件,其签章手续完备;文件的材质、幅面、书写、绘图、用墨、托裱等符合要求;电子档案格式、载体等符合要求;声像档案内容、质量、格式符合要求。

(三)接收与移交

1.城建档案管理机构对建设系统业务管理档案的接收步骤

拟定年度接收工作任务目标;确定接收工作的重点对象;组织实施人员分工;对拟接收档案的单位开展接收前的业务指导和服务;审核准备移交的档案内容;审核档案的内、外在质量;核对移交清单与实物,填写建设系统业务管理档案接收和移交书;双方在建设系统业务管理档案接收和移交证明书上签名盖章。

2.城建档案管理机构对建设工程档案的接收工作步骤

核对城建档案案卷目录(移交目录)和档案实物,填写建设工程档案接收和移交证明书;办理接收手续,双方在建设工程档案接收和移交证明书上签名盖章。

(四)征集

1.城建档案征集的范围

城建档案管理机构对散存、散失的具有永久保存价值的城建档案,应予以征集,征集范围包含:历代形成的反映本城市(镇)自然面貌、发展变迁,记录各项工程建设的档案史料,包括图纸、图表、图书、报刊、画册、文件、报表、照片、录像带、电影拷贝、模型等;对国家和社会具有保存价值或应保密的城建档案;城市历史、自然、经济等方面的基础资料。

2.城建档案征集的对象

城建档案管理机构应向相关单位和有关人员征集档案。相关单位如有关部门、大专院校、科研部门、图书馆、史志办等。有关人员包括长期从事城乡规划、建设和管理活动的领导、专家、工程技术人员等。

3.城建档案征集的方法

城建档案征集的主要方法有发布征集广告,走访有关单位和相关人员,接受捐赠,接收寄存、代为保管,收购、征购,其他合法方法。

4.城建档案征集应符合以下规定

应有两名以上工作人员共同进行;征集城建档案时,征集人员应主动出示证件和工作任务的证明文件;征集人员自征集完成之日起10日内将征集到的城建档案交城建档案管理机构;城建档案管理机构应将征集的档案登记造册;对征集到的档案的真伪或者价值有异议的,城建档案管理机构或者档案所有人可以提请城建档案鉴定委员会鉴定、评估;城建档案鉴定委员会由当地城建档案管理机构聘请有相关知识的专家组成,鉴定、评估档案应有3名以上相关专家共同进行。

第三节 城市建设档案的整理

建设工程所形成的全部文件在归档前应根据国家有关规定,由形成单位进行整理。全部工程项目档案的汇总整理由建设单位负责进行或组织。

建设工程文件整理时应区分不同载体,对文字、图纸、图表等传统纸质文件,声像和电子文件分别整理。

一、纸质文件的整理

主要是对文字材料、图样材料和目录、表格材料的整理,一般可遵循以下步骤:鉴定—分类—组卷(立卷)—案卷及卷内文件排列—案卷编目—案卷装订—编制案卷目录。

(一)鉴定

这一环节的工作内容主要包括:文件属性的鉴定、文件质量鉴定、文件价值鉴定与密级划分。

1.文件属性的鉴定

文件属性的鉴别,就是判断文件的性质与归属,剔除不属于城建档案的文件和资料。

2.文件质量鉴定

文件质量鉴定包括文件的完整性、准确性和外观、载体及书写印制质量的鉴定。

首先是完整性鉴定。所谓完整性,是指对应归档的文件要按工程项目收集齐全、完整成套。在一套工程文件中,不能缺项(不能缺少一个组成部分);在一份文件内,不能缺张少页;应该履行签署手续的城建文件,签署必须完备。一个建设工程的成套文件,应当反映出该工程建设活动的全部内容和历史面貌,不但要有工程准备阶段文件,还应有工程施工文件、监理文件、竣工图和竣工验收文件。不但要有纸质文件,还应有声像、电子文件。对缺少的文件应想办法补齐。

其次是准确性鉴定。为了保证文件的准确性,归档的文件应达到两个"一致",一是文件内容应当同它所记载和反映的对象或过程相一致。二是同一个工程项目的文件内容上应当一致。如底图和蓝图应保持一致,照片和底片保持一致,竣工图内容与施工图设计、设计变更、洽商、材料变更,施工及质检记录相符合。这是保证建设工程项目档案准确性和真实性的基础和前提。三是外观、载体及书写印制质量鉴定。对文件外观形式质量鉴定,主要是针对文件的字迹、线条是否清楚,纸质、书写、印制材料是否有利于长期保存,特殊文件使用的载体材料及记录形式是否符合有关标准、规定、要求等。[①]

3.文件价值鉴定与密级划分

首先进行城建文件价值鉴定。归档的城建文件应当具有保存价值。因此,整理、归档之前,要根据归档制度的有关规定,鉴别文件是否具有保存价值,从而确定哪些文件应该整理、归档。对应该归档的文件,还应根据其保存价值的大小,确定保管期限。保管期限可划分为永久、长期和短期三种。凡是在城市规划、建设及其管理工作中具有长远利用价值和重大历史意义的城建档案,永久保存;凡是一定时期内在城市规划、建设及其管理工作中具有利用价值的城建档案,可长期(保存到该工程被彻底拆除)、短期(10年)保存。确定项目文件保存价值和划分保管期限,实质上是对城建档案形成的初步鉴定,它是项目文件归档鉴定的前提和基础。因此,建设单位档案部门应主动参与这项工作,要从档案管理的角度出发,

---

①薛光. 城建档案与城市建设[M]北京:团结出版社,2017.

向有关工程技术人员传授文件的价值鉴定工作的有关规定、原则和方法，提供工程文件归档范围和档案保管期限表，并进行检查和指导。

其次进行项目文件密级划分。这项工作就是按照有关规定确定应当归档的城建文件的密级。城建文件密级划分，应当以国家技术政策、保密规定等指导性文件为依据，结合本专业、本单位划分密级的原则和要求，由档案部门和技术负责部门共同进行。城建文件的密级划分为绝密、机密和秘密。

（二）分类

城建档案分类应遵循文件材料的形成规律，保持文件材料的有机联系。可采用年度、专业、工程（项目）、程序、问题、载体、权属等分类方法。通常业务管理档案采用"年度—专业—工程（项目）"分类法或"年度—工程（项目）""年度—问题"分类法；工程档案宜采用"工程（项目）—程序—专业"分类法。城建档案馆（室）应编制《城建档案分类档案大纲》作为分类的依据。

（三）组卷（立卷）

1.组卷原则

组卷应遵循工程文件的自然形成规律和工程专业的特点，保持卷内文件的有机联系，便于档案的保管和利用；工程文件应按不同的形成、整理单位及建设程序，按工程准备阶段文件、监理文件、施工文件、竣工图、竣工验收文件分别进行立卷，并可根据数量多少组成一卷或多卷。

2.组卷要求

案卷内文件应齐全、完整，签章手续完备；案卷内文件材料必须准确反映城市规划、建设、管理等活动的真实内容；案卷内文件材料书写字迹工整，图样整洁，线条清晰；载体和书写印制材料应符合档案保护要求；卷内文件不重份，不同载体的文件应分别组（立）卷；案卷不宜过厚，文字、照片不超过20毫米，图纸不超过50毫米。

3.组卷方法

直接针对具体城建项目的管理性文件应放入所针对的项目文件中，按阶段或分年度组卷；城市规划、管理、建设工程、科研、城建业务管理和业务技术档案文件应按其项目、课题、专业性质、结构、阶段等分别组卷；一个建设工程由多个单位工程组成时,应按单位工程组卷;工程文件应按建设程序划分为工程准备阶段的文件、监理文件、施工文件、竣工图、竣工验收文件等分别组卷;工程准备阶段文件应按建设程序、专业、形成单位等组卷;监理文件应按单位工程、分部工程、阶段、专业、文种等组卷;施工文件应按单位工程、分部工程、阶段、结构、专业等组卷;室外工程应按室外建筑环境和室外安装工程单独组卷;竣工图应按单位工程分专业(建筑、结构、水电、暖通、电梯、消防、环保等顺序)组卷;竣工验收文件按单位工程分专业组卷;电子文件立卷时,每个工程(项目)应建立多级文件夹,应与纸质文件在案卷设置上一致,并应建立相应的标识关系;声像资料应按建设工程各阶段立卷,重大事件及重要活动的声像资料应按专题立卷,声像档案与纸质档案应建立相应的标识关系;城建工程项目后评估、改扩建或重建所形成的文件应单独组卷排列;卷内文件不重份,同一卷内有不同保管期限的文件,该卷保管期限从长。

(四)案卷及卷内文件排列

第一,城建文件材料宜按系统、成套性特点进行案卷或卷内文件排列。

第二,城建业务管理和业务技术文件按问题、时间、地区、重要程度排列。

第三,城建科研类案卷宜按课题可行性研究立项、方案论证、研究实验、总结鉴定、成果和知识产权申报、推广应用等阶段排列。

第四,建设工程文件按项目准备阶段文件、监理文件、施工文件、项目竣工图、项目验收文件及项目后评估文件等顺序排列。

第五,卷内文件应按《建设工程文件归档规范》(GB/T50328-2014)附录A和附录B的类别和顺序排列。

第六,卷内文件材料排列应文字在前,图纸排后,文字材料应按事项、专业顺序排列。同一事项的请示与批复、同一文件的印本与定稿、主件与附件不能分开,并按批复在前、请示在后,印本在前、定稿在后,主件在前、附件在后的顺序排列。

第七,图纸按专业排列、同专业图纸按图号顺序排列。

第八,施工文件按管理、依据、建筑、安装、检测实验记录、评定、验收排列。

（五）案卷编目

1.编制卷内文件页号

即为案卷内每件文件编制顺序号,以便固定案卷内文件的顺序,便于确切统计卷内文件的数量,有助于保护和查找使用。

具体方法是:卷内文件均应按有书写内容的页面编号,每卷单独编号,页号从"1"开始,使用号码机依次逐页标注。

页号编写位置:单面书写的文件在右下角;双面书写的文件,正面在右下角,背面在左下角。折叠后的图纸一律在右下角;成套图样或印刷成册文件,不必重新编写页号;案卷封面、卷内目录、卷内备考表不编写页号。

2.卷内目录的编制

卷内目录排列在卷内文件之前,卷内目录式样。

序号:应以一份文件为单位编写,用阿拉伯数字从"1"起依次标注卷内文件排列的顺序。

文件编号:应填写文件的文号或图纸的图号、设备代号、项目代号。

责任者:责任者应填写文件的直接形成单位或个人,有多个责任者时,应选择两个主要责任者,其余用"等"代替。

文件题名:应填写文件标题的全称。当文件无标题时,应根据内容拟写标题,拟写标题外应加"﹝﹞"符号。

日期:应填写文件的形成日期或文件的起止日期,竣工图应填写编制日期,用8位阿拉伯数字表示。

页次:填写文件在卷内所排的起始页号,卷内最后一份文件填写起止页号。

备注:根据实际情况填写需要说明的问题。

城建档案保存单位可在卷内目录表左上增加"档号"项,"档号"填写"分类号项目号案卷号"。

3.卷内备考表的编制

卷内备考表由本卷说明、互见号、立卷人、审核人、时间等组成。

本卷说明:标明卷内文件的件数、页数,不同载体文件的数量,填写卷内文件缺损、修改、补充等情况。

互见号:填写反映同一内容不同载体档案的档号,并注明载体类型。

立卷人:完成立卷后,由立卷责任者签名。

审核人：由案卷质量审核者签名。

立卷日期：填写完成立卷的时间。

审核日期：填写案卷质量审核的时间。

城建档案保存单位可在卷内备考表左上增加"档号"项，卷内备考表应排列在卷内文件的尾页之后。

4.卷封面的编制

案卷封面印刷在卷盒、卷夹的正表面，也可采用内封面形式。案卷封面的内容应包括档号、案卷题名、编制单位、起止日期、保管期限、密级、本案卷所属工程的案卷总量、本案卷在该工程案卷总量中的排序。

档号：由分类号、项目号和案卷号组成，档号由档案保管单位填写。

案卷题名：应简明、准确地揭示卷内文件的内容。编写案卷题名，应符合下列规定：①建筑工程案卷题名应包括工程名称（含单位工程名称）、分部工程或专业名称及卷内文件概要等内容；当房屋建筑有地名管理机构批准的名称或正式名称时，应以正式名称为工程名称，建设单位名称可省略；必要时可增加工程地址内容。②道路、桥梁工程案卷题名应包括工程名称（含单位工程名称）、分部工程或专业名称及卷内文件概要等内容，必要时可增加工程地址内容。③地下管线工程案卷题名应包括工程名称（含单位工程名称）、专业管线名称和卷内文件概要等内容，必要时可增加工程地址内容。

编制单位：应填写案卷内文件的形成单位或主要责任者。

起止日期：应填写案卷内全部文件形成的起止日期。

保管期限：应根据卷内文件的保存价值在永久、长期、短期三种保管期限中选择划定。当同一案卷内有不同保管期限的文件时，该案卷保管期限从长。

密级：应在绝密、机密、秘密三个级别中选择划定。当同一案卷内有不同密级的文件时，应以高密级为本卷密级。

本案卷所属工程的案卷总量：本工程共几卷。

本案卷在该工程案卷总量中的排序：本卷为第几卷。

5.案卷脊背编制

案卷脊背印制在卷盒侧面，案卷脊背应由档号、案卷题名构成，由档案保管单位填写。

（六）案卷装订

案卷可采用装订与不装订两种形式。文字材料必须装订。装订时不应破坏文件的内容,并应保持整齐、牢固,便于保管和利用。

装订要求:装订时必须剔除金属物、塑料装订物,装订用品必须对文件材料无害,不影响档案的保存寿命;装订方式能较好地维护文件的原始面貌,不应破坏文件的内容;整齐、牢固,不掉页,不倒页,不压字,不损坏文件,便于保管和利用;选用装订用品应尽量降低成本,装订方式应简便易行。

装订位置:左侧装订。装订时应将文件左侧、下侧对齐。

装订方法:以件为单位装订的一般用线装订(较薄的文件用缝纫机装订,较厚的文件用棉线"三孔一线"装订);整卷装订采用"三孔一线"左侧装订法,孔距为85毫米,距纸张左边缘15毫米,上中下位置居中,用棉线穿孔,线结打在背面。

案卷不装订的应在卷内每份文件首页空白处加盖档号章,档号填写方法同封面,序号填写方法同卷内目录表中的序号。

案卷内超出卷盒幅面的文件应叠装。图样的折叠方法见(《技术制图复制图的折叠方法》)GB/T10609.3,破损的文件应修复。

不同幅面的工程图纸,应统一折叠成A4幅面(297mm×210mm),应图面朝内,首先沿标题栏的短边方向以W形折叠,然后再沿标题栏的长边方向以W形折叠,并使标题栏露在外面。

（七）编制案卷目录

整理完毕,按工程项目排列案卷,案卷应按《建设工程文件归档规范》(GB/T50328-2014)附录A和附录B的类别和顺序排列。

编制案卷目录的项目包括:序号、案卷题名、卷内数量[文字(页)、图纸(张)、其他]、编制单位、编制日前、保管期限、密级、备注。

序号:填写案卷在该工程案卷总量中的排序。

案卷题名、保管期限、密级填写方法同封面。

卷内数量:分别填写卷内文字材料、图纸及其他载体的页(张)数之不

编制单位:应填写负责立卷的法人组织或主要责任者。

编制日期:应填写完成立卷工作的日期。

备注:可根据管理需要填写互见号、存放位置等信息。

二、声像、电子文件的整理

（一）照片与底片的整理

照片档案一般包括底片或数码照片电子文件、照片、文字说明三部分。照片、底片的整理应符合《照片档案整理规范》（GB/T11821）的规定。

（二）盒式录音录像文件的整理

根据录音、录像文件记录的内容并结合相联系的其他文件内容,按本馆分类大纲给出分类号。在分类的基础上,再按项目、单项、时间、阶段、专题、问题等特征,对录音、录像带排序给出顺序号,最后编制出档号、分类号、项目代号、顺序号（盒、盘）。

（三）电子文件的整理

归档电子文件的整理可按《建设工程文件归档规范》（GB/T50328）和《建设电子文件与电子档案管理规范》（CJ/T117）的规定执行。

归档的电子文件由形成部门负责整理、编辑,并按要求写入光盘,当紧部门予以协助、指导。

工程设计过程形成的电子文件应以建设项目为单元按电子文件类别分别保管。图形、图像类文件按分类编号顺序排列,工程项目按设计、施工、维护管理等顺序排列。数据文件按计算、试验、设计等属类进行整理。同一属类文件按自然形成规律排列。文本文件按文件及表格文件、软件说明等属类进行整理。计算机程序文件按形成时间顺序排列。

电子文件整理时,每个工程（项目）应建立多级文件夹,应与纸质文件在案卷设置上一致,并应建立相应的标识关系。

工程（项目）级文件夹应以该工程或项目的正式名称命名;案卷级文件夹应以序号加案卷名称命名,序号为案卷在该工程或项目档案中的排列次序,用3~5位数表示,不足的填0补齐;卷内电子文件应以序号加文件题名的方式命名,序号为该份（件）文件在本案卷（文件夹）中的排列次序号,用3位数表示,不足的填0补齐,文件题名为该文件的题名或图名。

以工程或项目命名的文件夹,应实际存放该工程或项目的所有电子案卷,每一个电子案卷文件夹内应存放该案卷的所有文件。

案卷的电子文件夹内除存放电子文件外,还应建立案卷封面、卷内文件目录和卷内备考表三个电子文件。卷内文件目录与卷内电子文件宜建立超级链接。

归档电子文件的光盘,应附有标签,标签内应填写编号、套别、名称、密级、保管期限和软、硬件平台等。

编号:归档项目电子文件的光盘编号,由档案类目号、项目代号、电子文件类别代码、光盘序号组成。其形式及填写方法如下:①档案类目号,按档案分类大纲执行,根据需要可用到二级类目。②项目代号,建设项目、科研课题代号等。③电子文件类别代码,用字母表示,其中,G——图形文件;I——图像文件;V——影像文件;A——声音文件;D——数据文件;T——文本文件;P——计算机程序文件;O——多媒体文件。如遇到一个光盘中存储一种以上类别的电子文件时,应将所包含的类别都分别填写上。④光盘序号,光盘在同一项目、同一类别下的排列顺序号,由阿拉伯数字组成。

套别:归档电子文件套号,用大写英文字母A、B、C表示。A表示封存保管,B表示异地保存,C表示查阅利用。

名称:归档项目名称。

密级:盘内存储的电子文件的最高密级。

保管期限:盘内存储的电子文件的最长保存时间。

软、硬件平台:识别或运行光盘内电子文件的软、硬件环境。归档的电子文件,应根据其类别等将已整理好的电子文件按顺序写入光盘,光盘写入的具体操作,可与形成部门共同完成。

5.电子文件经整理后,按项目填写电子档案登记表一式两份。电子档案登记表的格式及填写方法如下。

项目名称:工程项目的名称。

项目代号:工程项目的代号。

单位:电子文件归档部门的名称。

归档日期:向档案部门移交归档的日期,按《数据元和交换格式信息交换日期和时间表示法》GB/T7408的规定表示。

日期:封面下部的日期为填表日期。

三、编制城建档案目录

城建档案管理机构应根据馆(室)藏和利用的需要,建立一套科学合理的目录体系。目录体系由两种以上目录(检索工具)构成,每种目录应具有其他目录所不能替代的功能,形成覆盖馆藏全部档案的检索系统。

城建档案管理机构对所保存的城建档案必须编制必备目录,打印成册,妥善保管并及时更新。城建档案必备目录应包括城建档案总目录和分类目录。

(一)编制总目录

城建档案总目录是按接收进馆(室)的先后顺序,以工程(项目)或案卷为单位编制的目录,城建档案总目录包括工程(项目)级总目录和案卷总目录两种,编制单位可根据实际情况选择其中一种。

(二)编制分类目录

城建档案分类目录包括工程(项目)级分类目录和案卷分类目录两种,编制单位可根据实际情况选择其中一种。

第四节 城市建设档案的利用

一、城建档案信息公开

(一)加强信息公开服务制度建设

城建档案管理机构应加强政府信息公开服务制度建设,明确服务程序、公开范围、公开方式和时限要求,切实保障公民、法人或其他社会组织利用政府公开信息的权利。

(二)完善信息公开措施

1.设置信息公开查阅室

2.编制建设系统政府信息目录

3.配备计算机等现代设施设备

4.设立资料索取点、信息公开栏、电子信息屏等,不断优化查阅环境,提高服务水平

5.加强档案网站建设和电子文件数据库建设,提供现场查阅及互联网查阅等手段

二、城建档案的开放与控制使用

城建档案管理机构应根据国家关于档案保密、信息公开的有关规定和维护安全的有关要求,合理划定城建档案的开放和控制利用范围。除未解密或需控制使用的档案外,一般自形成之日起满30年向社会开放,公布开放档案目录。涉及国家秘密、商业秘密、个人隐私、国家安全、公共安全、经济安全的档案,以及与城建档案形成单位和个人另有约定的,应实行控制使用。[①]

三、提供利用服务

(一)档案提供利用的对象及内容

1.工程竣工档案

住宅类地面建筑档案:房屋产权单位及个人、设计单位、施工单位、物业公司可利用房屋竣工文字材料及图。

大型公用建筑、工业建筑和除住宅外的各类民用建筑、人防军事等地面建筑档案:产权所有单位可利用房屋竣工文字材料及竣工图。

市政基础设施、市政公用设施、交通运输类档案:档案移交单位、管养单位可利用竣工文字材料及图。

2.城市规划及建设管理类档案

城市规划类档案:单位可利用城市总体规划、控制性详细规划、土地利用总体规划档案,个人可利用上述档案中解密的部分。

建筑规划管理类档案:建设单位、房屋产权单位及个人可利用规划管理审批结果(包括建设工程规划许可证及批准的建设总平图、建设用地许可证及用地红线图、设计红线图、验收合格证、选址意见书、定点通知书、界址点成果表)。

市政规划管理类:建设单位、施工单位可利用市政规划管理行政审批结果(市政工程规划许可证、经审批的红线图)。

3.个人移交档案

档案移交人可利用个人向城市建设档案馆捐赠、寄存的私密性档案。

4.城市建设系统各部门的文书档案

档案移交单位可利用本单位移交的文书档案。

---

①蒋蓉.城建档案在智慧城市建设中的重要作用[J].中国档案,2018(10):58-59.

（二）档案提供利用的手续及要求

机关、团体、企事业单位和其他组织及中国公民,持有单位介绍信或身份证等合法证明,可利用城建档案。

第一,建设单位、产权单位查阅本单位档案,需提供本单位介绍信。

第二,建筑物所有权人利用其取得所有权的建筑物档案,除个人身份证外,还需持有建筑物权属证明。

第三,公、检、法、行政执法机关、纪检机关因办案需要利用档案,需提供单位介绍信;因诉讼活动调查取证需要利用档案,除持有合法证明外,还需提供法院立案证明或仲裁委员会仲裁证明以及当事人委托书原件。

第四,业主委员会或个人查阅所购房屋或拆迁房屋的档案,除持有合法证明外,还需提供房屋产权证或购买合同、拆迁协议等原件。

第五,物业公司因物业管理需要查阅档案须由产权单位出具介绍信或业主、业主委员会出具委托函。

第六,报社、电台等新闻媒体查阅规划管理、审批档案,由城市规划管理局办公室审批,查阅地面建筑等工程竣工档案由城建档案馆馆长审批。

第七,代表政府进行旧城改造或其他工程建设的单位利用档案须提供单位介绍信及关于承建该项目的相关批复等文件。

第八,房屋拍卖后的买方办理产权证、国土证需查阅档案应提供单位介绍信或身份证,并出示相关的购买证明。

第九,非档案移交单位(建设单位、施工单位、设计单位)因城市建设(接管、改造、设计)需要,利用建设项目附近地段或沿线上的建筑物、道路及局部地下管线档案,需持单位介绍信及该项目建设单位出具的因工程建设需查阅档案的证明。

第十,单位和个人查阅文书档案需提供移交单位的介绍信或审批证明,及党组会议记录的需出具党组介绍信。

（三）提供利用服务的基本方式

1.档案馆(室)内阅览

城建档案馆(室)应配备阅览室和阅览设施,建立健全档案利用制度,编制必要的检索工具,为用户在城建档案部门指定场所(阅览室)利用档案提供方便。

2.档案复制服务

城建档案馆(室)根据用户的合理需要,以档案原件或已有的档案副本为依据,通过复制(包括静电复印、拍照、晒印、抄录)、摘录等手段,向档案用户提供档案复制品。

城建档案管理机构提供社会利用的档案,应逐步实现以复制件代替原件。

复制形式的档案载有档案保管单位法定代表人签名或者印章标记的,具有与档案原件同等的法律效力。

3.档案证明服务

城建档案馆(室)根据有关档案用户的询问和申请,为核查某种事实在馆(室)藏中记载情况而摘抄编写的一种书面证明材料。制发档案证明的工作程序为:利用者提出申请—城建档案馆(室)领导审查批准—查找档案材料综合编写—核对—领导审定—加盖城建档案馆(室)专用印章。

4.档案咨询服务

城建档案馆(室)以城建档案资料为依据,答复用户询问,指导和帮助用户利用城建档案信息资源。

档案咨询服务有五个步骤:接受用户咨询—分析用户咨询问题—查找档案材料—答复咨询—建立咨询档案。

5.档案展览与陈列

城建档案馆(室)按照一定的主题,以展出城建档案原件或其复制件的方式,系统地提示和介绍城建档案的内容。

6.网上浏览与下载服务

城建档案馆(室)将可公开的城建档案资料信息经特定加工后发布到有关网络上,供用户按需要浏览并按利用者权限下载所需信息。

(四)提供利用服务的工作程序

1.查验利用者身份证明和其他相关证明文件

2.要求利用者填写《城建档案资料查阅登记表》

3.检索、调档

4.利用者阅览、复制

5.要求利用者对档案利用效果进行登记或反馈。填写城建档案资料查阅登记表中"利用效果"登记栏

第二章 城市建设档案的管理

第一节 城市建设档案管理在城市建设和治理中的作用

城市建设是城市生存发展的必要条件。狭义的城市建设主要指城市的基础设施建设,即建设道路桥梁、供水供电供气管道、各类房屋、园林绿化等等为城市居民提供政治、经济、文化活动提供相应条件与场所的过程。这一过程为各种城市活动提供了必要的物质前提。而更广义的城市建设含义,除了建设这一具体动作,还包括了具体建设前的规划工作与建设后相应的维护与管理工作。城市的规划、建设与管理三者结合,构成了人们普遍意识中"城市建设"的概念。因此本文的城市建设也采用更为广义的城市建设概念。[①]

对于城建档案的作用,人们有一个认知不断变化的过程。从一开始,人们就认知到其凭证作用与情报参考作用。作为科技档案的一种,城建相关文件一经形成就同时具有了凭证价值与参考价值。作为城建活动的原始凭证,城建档案能成为其形成者与形成过程有关情况的证据,是城建档案形成者开展各项活动的依据。由于城建活动时间跨度大,牵扯领域广,城建档案对形成者及其以外的相关机构、组织或个人都会有十分强烈的情报参考作用,甚至我国当初建立专门的城建档案机构也是为了更好发挥城建档案的情报参考作用。而在之后,人们开始意识到了除外凭证与技术性参考作用,城建档案承载了许多城市变迁的历史印记,能够用来帮助人们构建城市记忆,城建档案的历史记忆功能被越来越受到人们关注。随着城市记忆的构筑,人们开始在记忆中寻觅城市文化,城建档案在建立城市形象,打造城市文化氛围的作用被渐渐挖掘出来。

---

①霍艳芳,陈可彦,基于博弈论的"城市记忆工程"多方参与研究[J]. 档案学研究,2016, 02:47-51.

一、城市建设的原始记录和凭证作用

（一）城市建设的原始记录

前辈学者对于档案的原始属性早有较全面的论述,在学术界也基本达成共识。冯惠玲、张辑哲在他们主编的《档案学概念》中提出:"档案是社会组织或个人在社会实践活动中直接形成的具有清晰、确定的原始记录作用的固化信息。"邓绍兴、陈智为认为:"档案是机关、社会组织和个人在社会活动中形成的,作为原始记录保存起来以备查考的文字、图表、声像及其他各种方式和载体的文件材料。"档案是人们在社会活动中形成的保存起业经备查考的文件,档案是原始的历史记录,正是因为这点体现了它与其他资料的不同,也显示了它的第一手的原始价值。如果将档案限定在记录的范围内,那么,档案是原始记录,如果将档案限定在文献范围内,那么档案是原始记录性文献,如果将档案仅限定在信息范围内,那么档案是原始记录性信息。原始是它的本质属性。城市基本建设档案是城市建筑物、构筑物、地上和地下管线等各项基本建设的真实记录和实际反映,城建档案也是城市建设过程中直接形成的各种形式的原始记录,反映了城市建设的全貌。城建档案可以恢复和真实再现城建工作的过程,也是城建工作的凭证与参考,城建档案的原始性也构成了城建档案价值和管理的逻辑起点。

（二）城市建设的各种凭证作用

档案的凭证作用是由档案本身特点决定的。档案的原始属性决定了它的凭证作用。凭证价值是城建档案区分于其他城建资料最根本的区别,城建档案能够在法律层面提供凭证效力。城市的各项所有建筑物都有属于自己的一套完整房地产权档案,这些档案包括土地的征用、审核文件、房地产发证登记、交易买卖、房屋拆迁等等一系列过程中反映产权人、房屋状况与土地使用状况的相关档案。这些档案为相应的活动提供了使用权与所有权凭证,是相关法规的执行基础,是解决纠纷的法律凭证。如1958年的私房改造留下大量遗留问题,大量城市私有房屋被占用、接管,大量被接管房屋因城市建设需要、原房危险或震毁等原因而被拆除、改建,部分房屋至今仍被各类机关、企事业单位和职工占用。而后续国家对此出台了许多新规,这些新规的落实,这些纠纷的处理就要依靠当时形成的私房改造档案来提供处理凭证。

除了提供产权层面的凭证,城建档案也为城建各项活动提供凭证,可以作为日后的追责证据。如采购建筑材料,采购钢筋水泥混凝土等是谁负责、采购过程、有无送检、是否有合格证明等等都会在档案中有所体现,使用这些建筑材料是否依据指令、监理监督情况、检查情况、是否有调整与变更等等都会在档案中说明。一旦日后在哪个环节出了问题,城建档案可以帮助我们找到问题所在以及成为相关负责人失责的证据。

二、城市建设的经验参考和情报信息作用

(一)城市建设的经验参考

人类就是一种积累经验、探索经验、享受经验、传递经验的过程。人类社会的经验,就是多个主体的经协、阅历的总和,这个总和构成了我们所认识的人文世界。培根曾说:"经验是最好的论证方法""没有经验,任何新的东西不能深知"。美国的萨拉姆也认为:"纯粹的逻辑思绪不能给我们任何有关经验世界的知识;所有实际的知识都源于经验并以它为终结",而档案是经验的体现。

从抽象程度而言,根本价值是最高意义的抽象,它没有上位类,但可以分解为若干子类;从时间沿革而言,它贯穿事物的始终;从涵盖的现实范畴而言,它包含事物的全部(全然);从所处地位而言,它具有决定意义和唯一性。即档案根本价值是贯穿档案发展始终、可以涵盖档案全部价值、决定档案存在和发展、具有唯一性的价值概括。对所有档案价值现象进行归纳、抽象,我们一般认为档案的根本价值的哲学抽象为事实性经验价值,即一种可供了解和追溯历史事实的特殊意义。在人类社会的价值体系中,它属于基础性价值,美国档案学家谢伦伯格在谈到档案在政府公务活动中作用时,认为档案是一种经验,并具有基础性的地位。他说道:"它体现着大量的政府公务经验,政府需要借助于这种经验,使自己的各种行动有连续性和一贯性,需要借助于这些经验去制定政策,处理社会、经济以及组织、程序等方面的问题,总之,它是政府赖以建立的基础。"

城建档案作为科技档案的一种,记载的内容大部分是城建相关的科技知识,体现了城市建设的经验,我们需要借助于这种经验,使我们的城市建设有连续性和一贯性,我们需要依靠这些经验去制定城市建设、规划、

管理的一系列政策,依靠这些经验帮助我们去处理社会各方面的问题。可以说城建档案就是政府治理城市最重要的基础之一。

城市的发展是一项极其复杂的工程,一方面其受资源条件、自然环境、历史情况影响,另一方面它又可以被人工干预甚至主导。这么复杂的工程自然不能由谁一拍脑袋进行,而需要大量的资料来参考规划,确保城市土地被合理使用,城市布局能合理分配,城市具体安排利于城市居民生活,城市部署能促进城市的经济和社会发展。这就离不开城建档案的经验参考。后续随着时间流逝,城市建筑物的老化保养、日常维护、旧楼改造、老区改建等等也都离不开城建档案提供相关信息。通过城建档案,我们能在原有基础上对其进行借鉴、修改或完善,保持城市建设的连续性和一贯性。

而在城市建设过程中,城建档案不仅仅是各相关部门工作协调进行的依据,项目工程交接不可或缺的一环,城建档案还能帮助城市建设节约大量人力物力财力与时间成本。如1996年襄渝铁路加线急需线路的相关图纸,而当年的二汽各厂均无图纸踪迹,所幸十堰市城建档案馆有保存完整准确的底图两张,使二汽不用再投入数十万资金去补测补浇相关数据。

(二)城市建设的情报作用

情报价值是美国著名档案学家谢伦伯格首次提出的。他提出了著名的双重价值理论,即凭证价值和情报价值。这一理论不仅为文件生命周期理论奠定了科学基础,也为档案价值的评价提供了重要的理论依据。他认为档案的凭证价值主要是强调其"证据性"价值,就是为该机关的组织和职能提供真实的适当的文献证据所需要的那些文件,而情报价值主要是从档案的内容、形式方面分析其所包含的信息量,对其评价也会随着时间的推移而推移,即不同时期要用不同的标准来评价档案的情报价值。城建档案从内容上包含了大量的情报信息,这些信息可以提高我们对当时城建的认识水平和对后期建设的重要支撑。

除了地上建筑,地下管线的管理也极度依赖城建档案。城市的地下管线工程档案是市政地下管线工程修建、改建与维修的依据,也是各项会牵扯地下的工程的必要参考信息。由于许多地区地下管线工程档案的残缺或是施工单位对地下管线档案的不重视,常常导致地下施工前施工单位没有准确把握地下管线情况,挖断各类管线,轻则造成停水停电停网,重则造成煤气天然气泄漏甚至爆炸。中国城市规划协会地下管线专业委员会对媒体发布的2009—2013年中国地下管线事故做的统计报告显示,在2008—2010年间平均一天就有5.6起被公开报道出来的地下管线事故。而这些事故大部分均是人为产生,在不清楚地下管线的情况下违规作业是主要原因,可见地下管线工程档案的重要性。

城建档案的情报参考作用还体现抢险救灾上。一旦城市遇灾,建筑物大量损毁、桥梁坍塌、交通中断等,城建档案就成了人们抢险救灾、恢复城市的重要参考。比较典型的就是"5·12"汶川大地震期间对档案的利用。地震发生后仅一个多月的时间,四川重灾区城建档案管理部门就接待档案利用者2000多人次,调阅城建档案资4000多卷,复印图纸资料6000多张,这是平时利用的几十倍。同样是地震,1967年的唐山地震使得唐山成为一片废墟,当时抢险的军队面临供水中断的危急情况,正是靠着北京档案馆一张唐山供水管网图才在短时间内基本恢复了当地临时供水,解了燃眉之急。

三、城市记忆的承载者、备份者和构建者

(一)城市记忆承载者

近些年来学者们对社会记忆、集体记忆的探讨逐渐增加,构建社会记忆是一个受到大部分人认可的一个命题,其中城市记忆就是社会记忆、集体记忆中十分重要的一部分内容。城市是人们集体记忆的场所,是构建社会记忆的一个单位。每个城市都有不同的发展轨迹,都有自己的风土人情,因此城市记忆也不尽相同,都是值得珍惜的宝藏。记忆的存在要依托一定的媒介,就像人类的记忆功能要依托人脑实现,城市记忆也要依托各式各样的媒介,如实物媒介、文字媒介、影像媒介等等,而城建档案就是其中一种。城市记忆是对过去城市总体形象的认知和重构,这一过程可以通过各种载体将之进行物化从而保存下来,物化后的内容即人们在城市建设各阶段过程中形成的历史记录。

城市记忆有有型与无形之分,不仅有历史街区、古建筑、地标等有形资源,还包括历史事件、风俗文化等无形资源。城建档案种类丰富,按载体分有纸质档案、声像档案等,按内容分更是囊括了城市发展变迁的各个过程,其中自然也承载了不少城市记忆。如天津市档案馆就曾在其微信公众

平台用包括城建档案在内的一系列档案资料带领人们回顾了 1969 年在天津发生的两次特大龙卷风灾害,不少亲历者也在官方底下回忆自己曾经遭遇的情况,让这一份城市记忆在年轻一辈中继续传承下去。杭州市城建档案馆则定期在其微信公众平台"杭州城建档案"上以某个建筑为视角,通过城建档案来讲述其发展变迁过程,回忆了杭州城这些年来的发展情况。人脑的记忆毕竟有其时限,会随着时间渐渐变得模糊,甚至消散,而城市比起人类区区百年更是经历更长岁月,唯有档案等媒介才能承载起一个城市的集体记忆,使它不会轻易模糊,使它不易被人们遗忘。

(二)城市记忆备份者

正是因为城建档案能够承载城市记忆,所以城建档案也成了备份城市记忆的绝佳选择。随着城镇化进程的加快加深,城市变化越来越迅速也越来越现代化,不少老的建筑老的街区都被拆毁,虽然这是城镇化的必经过程,但是也会使人们心中的城市变得越来越陌生,留住城市记忆给予市民归属感也变得十分关键。尤其是城市中的一些代表性的建筑,围绕着它们曾经发生过许许多多的故事,常常可以让人睹物思情,一旦拆除了就等同于去除了这些回忆的锚点。正因如此,城建档案才显得格外重要,如果城建档案里有这些建筑完整详细的信息,人们便可以通过这些档案资料来维系记忆,相当于备份了城市的记忆。

如当初 1993 年被拆除的香港九龙城寨就成了老一辈香港人谈城市记忆绕不开的一点。在九龙城寨还未拆除的时候,它是香港的地标之一,而在多年之后,城寨已成为公园,人们再想一窥昔日城寨旧貌就只能凭借公园遗址与留下来的相关档案资料了。

在意识到城建档案对城市记忆备份作用的情况下,现在不少城建档案馆开展了城市古建的建档工作,为一些城内的古建筑进行一系列的测量、拍照等工作,为的就是万一以后古建筑因各种原因不复存在,它们依然能够靠档案作为城市记忆的一部分活在我们心中。

(三)城市记忆构建者

一个城市建筑丰富人口众多,只要有人就会有记忆,按理来说每个人的城市记忆肯定都是不尽相同的,也有些记忆是私人的不是集体的。而我们也清楚把所有人的记忆进行保存既不能实现也实无必要。所以说选择性是记忆的属性之一,城市记忆也是一个选择过后的成果而非一个城市所有的记忆。城建档案自然是城市记忆的选择主体。档案馆对城建档案的筛选过程就是对城市记忆进行筛选的过程,它决定了哪些档案被留下,也决定了哪些城市记忆可以保存,哪些城市记忆可以被遗忘。通过筛选最终留下来的档案结构,决定了档案构建了什么样的城市记忆。正因为城建档案构建了人们对城市的记忆,所以城建档案也被赋予了更多社会化功能,我们在建立和选择城建档案的过程中也要从构建社会记忆的角度来进行进一步的考量。

而除了城建档案形成过程对城市记忆构建十分关键外,城建档案对外的展示情况对城市记忆的构建也起到了关键性作用。一些城市记忆被保留在档案中后便一直在档案馆仓库里不见天日,那么城市记忆里自然也不会有它,或者其在记忆中的地位会大打折扣,而反之一些城市记忆被暴露在大众视野之下,被大力宣传,其在社会记忆中地位也会加重。档案馆经常会做一些汇编或是一些展览来带领民众回忆城市历史,档案馆选择展示的内容就会在民众脑海里加深印象,不容易淡化,从而影响城市记忆的构建。

另一方面,当人们为了构建城市记忆而去重构城市历史的时候,城建档案也在影响城市历史的重构。城市记忆不能凭空而来,它一定是会有存在基础的。城建档案承载社会记忆,也为人们重构城市历史提供信息资源。现在很多城市记忆工程要去复原老街区、恢复以前的城市文化,而城建档案就是他们的重要参考资料,我们新一辈去了解的旧城市历史形成对旧城市记忆的认知往往依靠这种对城市历史的重构,这一重构过程又恰好是城建档案影响的。

四、城市文化形象的塑造作用

(一)城建档案打造城市形象

在现代城镇化浪潮中,一些城市盲目追求高楼大厦盲目借鉴其他城市的发展方略,导致城市的趋同问题日益严重。徘徊在一些城市,似乎总能见到差不多的商业街,差不多的楼房,差不多的城市规划。城市的物理景观日渐趋同模糊了人们对城市的印象,也由此引出了人们对打造城市形象的需求,在这个趋同的社会,拥有鲜明特点、独特标签的城市会被更多人记住,进一步促进城市的发展。要想提高城市的品位与竞争力,必须充分挖掘城市特色,充分使用城建档案。城建档案浓缩了城市过去年间的发展脉络,我们可以通过城建档案知晓过去年间城市发展历程,汲取其中的优秀成果,才能对未来城市发展精准定位,找到自身的特色。而城市建设过程中,深入研究城建档案可以帮助我们厘清自身城市有哪些特色建筑、特色街区、特色地标等可以作为城市形象一部分的内容,从而进行保护与宣传。在城市旧城改建的过程中,城建档案有助于我们把握旧城的风貌、特点等,从而明确哪些建筑是可拆除的,哪些建筑是必须保护的,哪些建筑是需要修复的以及新建的建筑如何保持与老建筑的协调,保证原来的特色不丢失。放眼近年来的"网红"城市无一不是特色鲜明的城市,以"山城"重庆为例,除了火锅以外正是轻轨穿楼而过、楼顶楼底都是一楼、立交桥多层复杂等充满地域特色的城建设计充实了其独特的城市形象。除了发掘城市之独特形象之外,档案也是对外推广城市形象,对内加深对城市形象认同感的重要媒介。一个城市可以通过档案资料来对外展现自身,让外地人通过精选的城建档案资料来了解这个城市。通过相应主题的城建档案展览等活动则可以让城市的民众对自身城市形象有进一步的认同感,对城市形象的塑造进行一定的引导。

(二)城建档案塑造城市文化

城建档案蕴含着大量城市文化相关内容。首先城建档案中包括了景观文化,城建档案记录了城市中风格各异的建筑、园林绿化、道路河流等城市景观,其中不乏独特的地标景观、历史古建,城建档案通过图像、影像、文字等各种形式展现了城市的景观文化。其次,城建档案中有大量的历史文化。在城建档案中,我们能找到很多关于城市历史的记载,对比城建档案我们能看到城市建筑变化、地名沿革、道路改变,旧貌换新颜的一整个过程,这些历史记录是诠释城市历史的最有力证据,也是展现历史文化的最有效手段。再次,城建档案还有大量的地域文化。城建档案来源于城市建设活动,不同城市的地域特色也会反映在城建档案中,再通过城建档案展现出来。回过头去看众城市的城建档案,无论是档案里上海的民国风洋馆、乌镇的水乡建筑、黔东南的吊脚楼还是北京的四合院,都在展现各自的城市地域文化。最后,城建档案还拥有大量的城市民俗文化。通过对城建档案的研究,我们能从中发现过去人们的一些生产生活状况,了解一些城市的民俗文化。在杭州"茶市街"相关档案中我们能看到清朝留下镇茶叶生意的红火,居民炒茶卖茶的盛行;在"城隍牌楼巷"的相关档案中我们能品味南宋临安人祭祀览胜、进香礼佛的情形。

城建档案在积淀城市文化的同时也创新增值了城市文化。通过对城建档案的整理编研,能够将散落在各部分的文化符号文化信息进行有序化、整体化、关联化,能够进一步对外展现城市文化,实现城市文化的增值。

(三)城建档案助力科研教育

城建档案不仅包含大量的科技信息,还包含大量历史信息,无论是对科技研究还是历史研究都有重要意义。于科技研究而言,小则具体某一建筑的设计方案、某一建筑技术的使用可以被建筑师们拿来当案例研究,学习其建筑理念,技术手段等等;大则整个城市的布局规划可以成为其他城市发展自身时的参考,或是吸取优秀成果,或是分析失败经验,结合自身做出相应的调整。于历史研究而言,小则可以研究某一建筑沧桑变化,研究其历史典故、建筑文化、展现的民风民俗,大则着眼整个城市的发展,研究发展脉络,找出其发展规律,放眼城市未来提供发展方向。

这些科技历史信息的研究成果还能起到一定的教育作用。城建档案所拥有的档案资源本来就是真实可信、内容丰富、冲击力强的教育资源,而通过对档案的编纂与研究更是能将城建档案的这一功能发挥出来。人们可以通过城建档案了解城市历史,了解城市建设的各项成果,对城市建设发展情况形成一定的认知,更全面地看待城市建设发展的过程。

五、城建档案在城市现代化治理中的作用

我国城镇化的进程不断加深,不仅仅体现在城市数量上的变化,更体现在城市质量上的提升。新中国成立以来,我国城建工作者或是吸取国外城市发展优质经验,或是在我国自身的城镇化历程中提升总结,城市建设的理念与方法也长足发展,有了大幅革新。在这个新时期,人们也逐渐地将目光放在了城市建设后的城市治理过程中。相比以前的所有数据落于纸面,城市的信息化进程使得城市系统更加复杂,以往碎片化的城市治理方式已经越来越捉襟见肘,难以有效解决城市问题,为此也进一步提出了大数据城市管理与智慧城市建设的要求。目前大数据城市研究工作如火

如荼,赋予城市"大脑"能够智能管理的智慧城市成为我国城市发展进一步的目标,城建工作越来越智能化、信息化,旨在打造一个更舒适、更便捷、更宜居的城市系统。在城市治理的过程中,城建档案与城建大数据能够有效为城市治理提供信息支撑;城建档案的信息化建设为不同主体信息共享提供条件;城建档案作为智慧城市的建设基础与数据保障能进一步提升城市现代化治理水平。

(一)大数据在城市治理中的应用

目前城市建设活动会产生大量的数据,这些城建大数据对于城市规划、建设、管理以及城市治理都具有非凡意义。北京市城市规划设计研究院正利用"北京城市实验室"平台,通过大数据对全国所有城市进行大模型的城市定量研究,来进行居民生活质量评价、城市群发育评价、构建城市间交通网络分析与模拟模型、城镇格局时空演化分析模型等。杭州在2003年便与阿里巴巴合作开展"城市大脑"建设,利用大数据、物联网等技术进行城市管理,并在改善交通方面取得了巨大成功,未来更是会应用在交通、平安城市、城管、环境、医疗、旅游等诸多领域。深圳市大数据平台则利用往年的数据基础,对台风情况与后续状况进行评估,给出针对性建议,帮助交通管理部门、水务部门与城市管理部门高效解决台风所带来的各种问题。

在城市规划建设治理的过程中,从理论上讲能够获取的信息越多越好,能够分析的参数越多越好,这样考虑城市规划建设与治理才会更全面、更贴合需求。而站在实际角度,技术的限制使得城市规划建设治理人员并不能获取足够丰富的相关信息,哪怕拥有庞大的信息也无法全部分析。这限制了城市规划建设与管理的科学性与合理性,也限制了城市的发展。但是在大数据时代,在城市规划建设与治理时有着以前难以想象的海量信息,只要对其进行适当处理就能得到很多以前得不到的关键数据,对于城市规划建设与治理来说一是提升了全面性,二是更方便工作开展。而且通过对城建大数据的分析与应用,我们能进一步优化城市规划建设与治理的过程,提高工作效率,减少成本的同时获得更好的结果。

大数据在城市治理中的使用要求城建档案部门必须适应时代发展,树立大数据意识。首先,城建档案部门要意识到档案是大数据的一部分。城建大数据来源于各种城建活动,而城建档案同样来源于各种城建活动。城建档案是在城建大数据中进行精选进行有序化结构化后的产物,尽管两者存在一定差别,但在根源上有一致性。大数据的核心关键本就不在于数据的海量而在于数据的分析挖掘与使用,与档案的产生也是有一定共性的。因此将城建档案用于大数据分析,或是利用档案对应大数据分析结果进行进一步分析都能够进一步促进城市规划建设与治理的大数据工作。其次,城建档案部门要意识到城建档案工作本身也会产生大数据。其他政务部门在行政过程中会产生各种政务数据,最终形成政务大数据,那么按理来说档案部门也是政务部门的一种,也应该会产生大量档案部门的数据。这些数据大致包括以下几种:第一是反映档案的数据,如档案的数量、类目、材质、规格、全宗情况、档案馆藏分布等,以及为反映档案情况加工形成的档案目录指南等数据;第二是反映档案业务工作的数据,比如对档案进行收集整理的记录、提供档案利用的记录、档案的编研成果、档案管理系统的查阅记录、平台日志、浏览情况等数据、档案业务管理数据、档案部门各电子设备形成的数据等等;第三是反映档案用户的数据,比如:用户的一些基本情况、用户对档案工作的反馈评价、用户在档案网站档案微信公众平台等档案信息分享平台的浏览数据、留言下载数据、用户浏览时对时间内容的偏好情况等等。城建档案部门应看到大数据对其他领域工作的利好,将自身的大数据好好利用起来,发挥城建档案大数据的价值。最后,城建档案部门应理解大数据的核心理念,即对数据的分析挖掘来产生新的价值。为此城建档案部门应注重档案的数据化处理,让档案能够切实用于数据分析与处理。同时,城建档案部门也应该深入挖掘档案的价值,不是只提供档案原件或是简单的档案汇编,而是在此基础上提供更多的档案精加工产品。在深入挖掘档案价值的时候,档案部门也应牢记大数据的启示,不是只着眼于单份档案而是也着眼于档案间的关联,不是只关注档案数据间的因果性,也关注档案数据间的关联性。

（二）城建档案信息化建设途径

1.加强城建信息管理

俗话说巧妇难为无米之炊,城建档案的数量与质量决定了其发挥作用的上限,没有数量充足、结构合理、质量过硬的城建档案资源,城建档案的后续工作就犹如高楼失去了地基,只能是空壳而已。为了保证城建档案资源的丰富与优质,我们要进一步开展城建档案收集工作,悉心保管城建档案,在此基础上对城建档案资源进行数据化处理,优化城建档案资源结构。

(1)全面收集城建信息

全面收集城建信息第一要求的便是城建档案工作人员主动进行城建档案信息的采集工作。在以往的情况中,城建档案部门往往只是被动接受档案资源的一方,城建档案产生者提交哪些档案,城建档案部门就接收什么档案,稍微主动一点的城建档案部门会参与城建档案的前端控制,或者按规定指导城建活动单位的城建档案收集工作,根据收集的城建档案质量与完整性对档案提交单位提出要求。但是,城建档案部门在补建过往遗失档案与为城市新建档案方面则不怎么积极。我国的城建档案工作起步较晚,城市中的一些历史建筑、历史遗迹往往没有多少档案资料留存,而这导致一旦这些历史建筑历史遗迹遭到破坏,不仅难以修复,连记忆都很难留下。比如因为缺乏相应档案材料,2016年哈尔滨刘亚楼将军旧址、独立团炊事班旧址等7处不可移动文物被拆毁后迟迟无法开展复原工作,使它们消失在了历史长河之中。2008年起,国家就公布了《中华人民共和国国务院历史文化名城名镇名村保护条例》指出"城市、县人民政府应当对历史建筑设置保护标志,建立历史建筑档案。"因此,城建档案部门应该化被动为主动,改变在以往的类似活动中参与度并不算高也并未发挥太多专业优势的局面,主动开展相关城建信息采集工作,与住建部门、文保单位、财政部门等诸多部门一起为完善城市城建档案。城建档案部门应主动排查自身辖区内应该进行建档保护的对象,整理各个对象相关的档案资料,仔细与相关法律条例要求进行对比,列出档案缺失或信息不全的部分。在这之后,城建档案部门应该对此类信息进行汇总,组件专项建档小组,制定相应的工作计划方案。设计出方案后应主动联系住建部门说明情况,提供参考情报,尽快落实专项工作。在专项工作开始后,积极与各相关部门联系交流,寻求帮助或是提供帮助,参与信息收集的一线工作,对档案质量进行把关。而对于其他一些城建相关部门移交时缺失或者后来保存中遗失的档案,城建档案部门也应该进行全面排查,统计相关情况,针对缺失的部分与原档案产生单位进行确认,尽可能将之进行补齐。

其次,全面收集城建信息要求城建档案部门不仅仅着眼于固化的"城建档案"标准。不仅仅是收集传统形式档案,也收集新兴形式档案;不仅仅收集物质档案,也收集人文档案;不仅仅收集城建档案,也收集城建档案资料。我国对纸质档案和一般格式的电子档案收集都已经有相对成熟的方案,相应的城建档案收集工作也比较完善。但是,在城建领域,在工业领域,与政务电子文件的形式较为单一的情况不同,城建领域的电子文件形式更为复杂,很多形式的电子文件并没有相关归档要求。比如前文提到过的三维模型档案,在很多地方并不会把它当作城建档案的一部分移交给城建档案馆。城建档案工作者应该意识到这些电子文件的价值,尝试将它们纳入城建档案体系之中,与相应的部门一起研究这些电子文件的归档对策,设计这类电子文件归档方案,并向其他档案部门宣传这种意识,推动这类电子文件归档的标准化制度化。我国城建档案工作开展时也应认识到城市不仅仅是物质的存在,也是人文的凝聚,收集城建信息时除了物质方面的档案外,也适当收集人文方面的内容。同时,虽然城建档案部门以档案为主,但是也应该收集适当的资料来丰富城建档案的内容,提高城建信息资源的完整性。苏州古桥档案建设的过程中,不仅采集了古桥的基本信息、相关单位保存的古桥档案、还采集了地方志相应内容、古桥周边居民口述内容、媒体资料、其他文物文学资料才确保了古桥档案信息的最大程度完整。

(2)保证馆藏档案的真实完整

第一,改善档案保管环境。加强城建档案部门尤其是城建档案馆库房建设,对于库房条件艰苦或保存条件不合格的库房进行整改。在建立新库房的时候要详细规划库房的选址布局、结构规模、基础设施等因素,保证其符合档案保管库房标准。而有足够资金的城建档案部门可以配备自动照明系统、温湿度调节系统、智能门禁系统等以确保库房在光照、通风、恒温恒湿、防火防盗等功能的实现。有能力的城建档案部门还可以设立一个容灾中心,以避免灾害带来的不测影响。

第二,制定切实有效的档案实体保护计划。针对档案受损程度不同,有计划分批次对档案进行修复保护。定期对库房进行消毒,进行防虫防霉等处理。定期对档案情况进行统计,防止档案出现遗失。开展有序的档案数字化工作。

第三,建立城建档案信息安全体系。选择安全的网络环境,做好三网隔离工作。设置防火墙,安装专业防病毒软件,建立病毒应对体系。做好档案信息网络获取权限设置工作,针对不同主体设置不同获取权限。

第四,严格执行相关法律法规与行业标准。所有档案工作均按照国家电子文件安全管理相关法规的内容来进行,确保依法办事。国家档案局和各地方政府都会发布一系列与电子文件归档、保存,档案数字化建设,电子文件移交接收等内容相关的标准规定,城建档案部门也应依照这些标准规定来确保档案安全。

第五,创新技术。通过创新技术来减小电子文件在结构化有序化过程中可能对电子文件信息的遗漏,降低电子文件在迁移过程中面临的风险。尤其是目前一些特殊类型电子文件面临难以长期保存,有效性难以维持的情况,只能通过技术手段的进步来解决这一问题。

(3)对档案进行数字化数据化

加工档案的数字化工作已经全面展开多年,而如今档案数字化的基础上城建档案部门还应该进行档案的数据化工作。与档案的数字化不同,数据化对档案信息的可操作性有更高要求。如果是档案的数字化是将纸质档案转变为供人们阅读的电子档案,那么档案数据化则是将电子档案变成能够编辑的电子数据。长沙市规划信息服务中心研发了城乡规划档案数据化模块,包含了著录模块、数字化扫描模块、图面质检模块、数据化提取模块、数据质检模块、入库模块和查询分析模块这七类模块。在档案数据化具体实施中,首先是对需要数据化的档案进行调取,在保证档案安全的情况下进行档案的交接,并将纸质档案与电子档案进行对比勘误;接着,根据档案的情况来制定档案标准目录来对材料进行分类并进行页码编辑;然后是工作人员对图纸进行规范化预先处理;整理完图纸就要将档案信息进行著录;再接下去就是对档案进行数字化处理,通过图面质检来保证图面扫描后纸质档案与数字化后的成果是相一致的;数字化后就开始档案的数据化过程,通过计算机技术与人工编辑相配合完成数据化的编辑,并将数字化与数据化两者的成果进行整合;最后再将档案数字化与数据化的成果入库,并将它们与原纸质档案信息、地物信息等进行关联。

2.加强城建信息资源共享

城市治理理论告诉我们城市的治理在于多主体的协同,协同的一个重要前提则是信息的平衡。以往政府是城市管理的主体,各类档案信息都把控在政府有关部门手中,如今人民群众与社会团体也要参与这一过程意味着一些必要的档案信息得合理地对社会开放,多主体之间应构建一种信息资源共享的状态。

档案的开发与共享一直是我国档案部门在尝试的举措,但是因为档案有一定的保密性、档案会涉及一些个人隐私及企业在商业上技术上不方便对外公开的内容,加上信息共享存在一定的技术阻碍,于是相关工作进展一直较为缓慢。

近些年来,我国政府越来越向服务型政府转变,政府资料也越来越公开,《政府信息公开条例》的颁发为政务信息共享奠定了坚实基础。档案部门也越来越注重向社会服务方向发展,逐步开始转变重藏轻用的落后思想,将提供档案利用服务作为工作重点。而这一转变的大背景则是全社会领域对于开发数据的积极认识。政府部门、科研机构、民间组织、商业组织等各个群体经过挑选将一些数据向全社会开放,这些数据不受专利权、著作权等机制的限制,各个主体都可以对这些数据随意取用。在开放数据观念下,开放知识基金、开放街道地图、城市数据派、开放获取、开放数据中国等开放数据组织纷纷成立。政府方面自2012年上海推出全国第一个政府数据开放平台"上海市公共数据开放平台"起,我国已陆续上线超过80个符合政府数据开放基本特征的地级市及以上平台。像新浪、大众点评、百度、淘宝等互联网公司或网站,也都在一定程度上开放自家数据,便于其他主体合理使用。长期以来我国城市的规划城市建设依靠的都是一些官方的数据资料,这些开放的数据对于城市规划建设管理工作与学术研究而言是极为重要的数据补充,极大地改变了其数据基础,对于城市建设活动而言重要性不喻而明。

虽然我国在政务信息和档案信息的共享上有了一定经验,但是城建信息的共享有其特殊性,原有的共享程度还不能满足。我国此前的档案信息共享主要依靠以下几个系统来实现:

第一,电子文档一体化系统。电子文档一体化系统将档案管理系统与在线办公系统进行联通,可以有效对电子文件进行前端控制,实现数据标准的统一,从而可以方便快捷地对机关单位的电子文档资源进行整合,打破各机关单位间的信息壁垒。

第二,档案馆馆际资源互通系统。档案馆集中保存了各种范围内的档案资源,可以说无论哪个档案馆都肯定有自己独特的馆藏内容,档案馆的馆际资源互通系统则可以打破档案馆间孤立分散的孤岛模式,将不同层级不同地区的档案馆藏连接起来,促进档案馆之间的数据共享。长三角生态绿色一体化发展示范区档案工作就是一个很好的范例,只要是签署过协议的档案馆,互相之间都能实现异地查档、跨馆服务。

第三,图情档一体化管理系统。图书馆档案馆与情报机构都有丰富的信息资源,其馆藏上也有不同的侧重能够形成优势互补,因此将三者信息共享的提案也一直活跃在学界,这一系统能够充分发挥不同类别信息数据的优势,提供全面的信息服务。

第四,政府政务公开系统。在政府信息公开条例实施以后,很多城市都建立了各自的政府政务公开系统。系统里包括了与民众相关的各种法律法规、政府工作概况以及各个部门的内接数据,并以此来提供各种便民服务。民众可以通过政务公开系统查询了解社保、行驶驾驶、公积金、缴费支付、人才引进等等各类信息。而城建信息共享其特殊点与难点在于其不仅仅是单一档案间的信息共享,它还包含其他的城建资料与城建数据共享;它也不是简单的同一组织中不同部门之间的共享,或者是同属政府部门的共享,城建信息的产生主体不仅仅是城市管理部门,还有企业和其他个人或组织机构。因此,城建信息的共享要求做到不同信息类别,不同主体类别的共享。

(1)参与制定城建信息共享标准

大数据的时代下数据开放与数据共享越发显得重要,作为城建档案的主要集中地,城建信息的重要信息源之一,城建档案部门应该主动积极响应城建信息共享的需求,推进城建信息共享工程。然而,城建信息不只是城建档案,哪怕城建档案在不同机构保存也可能因保存在不同系统或是格式不一致而无法实现共享,何况城建信息还存在着大量异构的数据。制定城建信息的共享标准就显得尤为重要。通常来说,档案馆没有制定标准的能力,一个标准的形成需要多方有关主体进行探讨协商,最终上报主管机构进行批准。尽管如此,也不能因此小看了档案部门在推动城建信息共享标准上的积极作用,作为城建信息资源的重要来源方,城建档案部门完全可以积极提议,在住建部门指导下与各相关机构、企业等展开磋商,并在具体标准制定过程中根据档案管理经验提供宝贵的建议。

单纯从信息共享角度来说,信息共享的实现包括信息语义共享与信息资源共享两个层面的实现。要将语义共享标准化则需要建立业务建模标准、数据规范标准、业务文档规范标准等，要将信息资源标准化则需要元数据标准、数据维护与管理标准等。而从构建信息标准体系来说，参考政务信息共享标准，需要建立电子文件格式标准、代码标准等应用标准；电子文件交换标准、日志管理标准等应用支撑标准；基础通信标准、网络互联互通标准等网络基础设施标准；身份鉴别标准、加密算法标准等信息安全标准；信息公开标准、信息化工程监理标准等管理标准。

（2）推动建立城建信息资源共享网络

为了实现城建信息的互联互通，就要搭建合适的城建信息资源共享网络，建立一个城建信息共享体系。目前整合城建信息资源构建城建信息资源共享体系的实例还未诞生，但是我们可以从其他信息资源共享体系中获得参考。笔者认为以下几种模式具有一定的可行性并且能达到预期的效果。

一是基于区块链的城建信息资源共享模式。在城建联盟区块链中，市档案馆、城建档案馆、住建部门等几个城建信息主要保存机构各掌握一个授权节点，相互之间可以实现点与点之间的信息交流，并通过共识机制和合约机制共同维护区块链的运行。其他的相关企业、事业单位、档案机构则可以通过跨链技术连接城建联盟区块链，参与城建信息共享。整个共享过程就是各节点将用于共享的数据存入区块链中，有利用需求的节点提出使用申请，在合约机制下获得城建信息。

二是利用云计算的城建信息资源共享模式。参与城建信息建设共享的各主体可以将自身用于提供共享的城建信息上传至一个云端，即城建信息资源共享云平台。在云平台中，城建信息资源在授权机制等机制下进行聚合，类型相同或相近的城建信息资源组成一个个资源池。通过云计算技术，云平台能够根据使用情况对平台内的资源进行高效调度，最终通过服务终端来到使用者的面前。

三是陈真勇、徐州川等人提出的智慧城市数据互联框架模式。智慧城市数据互联框架结合了 LinkedData 技术，数据活化思想、IOD 思想，以及多媒体标注和描述、文档标注等多种技术。智慧城市数据互联框架通过数据存储层存储大量的结构化数据、半结构化数据与非结构化数据，数据转换层则把这些异构的、分散的数据转化为统一的图模型描述，数据互联层将这些统一了描述的数据相互关联形成数据网络,最终由数据共享层来利用构建好的数据网络提供数据共享接口、服务与应用。

（3）保障信息共享中的信息安全

城建档案在进行开放共享的过程中同样要注意城建档案的保密工作,城建信息的开放与共享不是说就完全无视部分机密信息、敏感信息的存在了,城建信息的共享一定是一种衡量开放与保密后选择性地共享。城建信息共享各主体都必须保证其共享过程中非共享信息的安全。作为共享信息发布方,应该对自身城建信息资源划分有清晰的认识,哪些信息是可以提供共享的,哪些信息是不能够提供共享的,哪些信息是应该有限制提供共享的。在提供共享信息之时,信息提供方可以设置一定的规则,设置运行数据的方式。信息提供方可以对不同安全层级的群体设置不同可选择的数据运行方式,哪些层级可以进行数据的储存,哪些层级可以进行数据的读取,哪些层级可以进行数据的修改。作为信息共享平台,也应该根据对应的身份层级来进行判断平台使用者可以进行哪些操作。比如平台使用者想进行信息发布,就要对其进行身份认证,事先判断其是否为共享平台信息提供方,平台使用者想进行信息查询,也要进行身份认证,判断其是否有查询资格以及其能查询至哪一层面的信息。除了操作过程中的信息安全保护,为防止黑客等手段进行入侵,就要在信息安全服务上保护信息,例如对信息数据进行各种手段的加密,使用数字签名,证书签名认证等手段来防止信息泄露。

（三）城建档案是智慧城市的建设基础和数据保障

智慧城市是目前流行的一种城市理念,也是我国很多城市建设的发展方向。在过去的几十年间,我国城镇化水平大幅提高,城市飞速发展,这也导致了"城市病"层出不穷,各种城市高速发展带来的新老问题互相交织,传统的城市治理模式似乎难以应对。为了治理道路拥堵、住房难以保障等问题,人们需要一个更为智能更为智慧的城市。建设智慧城市成为不少城市提升城市现代化治理能力的一个绝佳选择,诸如上海、杭州、北京等城市都以智慧城市为骨架建立自己的城市治理体系。而城建档案是智慧城市建设必不可少的建设基础与数据保障,城建档案助力智慧城市建设的同时也是助力我国城市现代化治理水平的提升。

1.城建档案是创造智慧城市建设基础

数字城市之后,城市建设的新一波风潮智慧城市已然袭来。智慧城市是基于数字城市提出的概念,比起数字世界与物理城市的简单映射,智慧城市则提出要用传感网络实现数字世界与物理城市之间进行链接,并通过对数据的处理进行城市管理决策与各种自动化的控制。虽然从目前来看,智慧城市体系自身的运行主要是靠各种物联网数据和云计算技术、大数据处理技术,真正意义上的城建档案数据使用并不多。但是这不代表城建档案在智慧城市建设上无法出力。智慧城市的底层数据基础来自物联网,比如设置在电网、道路、供水系统、手机智能终端等等物件中的传感装置。而这一套传感体系的建立都是依赖于城市建设活动的,城市建设活动又离不开城建档案提供信息支撑。举个例子,有一栋大楼需要建立全楼的电子门禁系统、智能防盗系统、智能通风系统等,必定会需要大楼结构图、电路排布图、通风管分布图等城建档案材料,没有城建档案提供的先期支持,物联网系统的建设就会变得艰难,影响后续的智慧城市建设。

而且,随着智慧城市建设的进一步发展,简单的数据与实体的互动必然不能满足城市管理更进一步的要求,通过信息技术集合城市各类数据资源进行分类处理来从整体把握城市发展,细节处理城市问题的城市管理模式必会到来。而到时候,城建档案又将是其中优秀的城建信息资源,起到的作用会越来越明显。

2.城建档案部门为智慧城市提供数据保障

城建档案部门在城建档案信息化的基础上应创建智慧城市数据档案。智慧城市依赖于物联网络,而现今的物联网络无时无刻不在大量产生数据,这就导致智慧城市建设产生了一个矛盾。一方面,智慧城市系统更注重实时数据的处理,对于处理完的数据如果都进行储存就会导致储存成本过高,令人难以承受。另一方面,如果缩短这些数据的保存时限或者降低这些数据的储存质量,那么数据的可追溯性与辨识性又会受到打击。针对这一状况,城建档案部门可以将档案的思维用于智慧城市数据管理之中,对这些物联网数据进行价值鉴定,将一些明显价值高、被追溯可能性大的数据档案化处理,作为智慧城市数据档案保存下来。哪怕原数据持有方将来将数据删除了,或者数据损坏了,之前建立的档案也能降低一些损失。

其次,城建档案部门要意识到智慧城市建设本身也是一个城市建设活动,在其开展过程中会产生一系列能反映智慧城市建设过程的档案。城建档案部门应重视这些档案,对其进行收集与整理,为日后的智慧城市建设活动提供参考凭证,促进智慧城市建设活动的不断升级。

3.城建档案工作纳入智慧城市体系

城建档案部门应该遵循智慧城市理念,打造智慧城建档案馆。物联网、云计算能够用于智慧城市建设,自然也可以被拿来用于城建档案工作,用于城建档案馆建设。青岛市档案馆就是我国智慧档案馆建设的先驱之一。在档案馆中,档案实体与网络通过射频技术、红外感应装置、定位装置等被联系在一起,档案的入库、使用、保存等过程都可以通过相应网络进行追踪监控。其自动控光系统,控温控湿系统能有效保障档案处于良好保存环境。其电子门禁系统为每一个入馆人员划分了授权层级决定其能活动的区域范围防止档案失窃。档案的云计算技术对档案信息进行充分挖掘提供智慧化服务,能够通过网络提供远程档案服务。这些措施提升了档案馆的档案管理能力与服务能力,将城建档案馆打造成智慧档案馆能进一步提升城建档案对智慧城市建设的作用。

城建档案馆也与智慧城市管理系统进行连接,可以成为智慧城市提供公共服务的窗口之一。从目前的智慧城市应用来看,智慧城市可以对城市进行网格化管理与服务,可以用于城市的交通管理等,在这些应用过程中,会有大量的城市建设与管理方面的数据产生,城建档案部门应该对接智慧城市系统,将这些数据档案化并通过对这些档案的研究,城建档案馆可以为城市规划、建设与管理建言献策,提供相关公共服务。

第二节 城市建设档案管理的基本任务

城建档案工作,就是为了管好、用好城建档案而建立和发展起来的一项专业业务工作。城建档案工作的基本任务,主要是对城建档案进行收集、整理、鉴定、保管、统计和提供利用。包括宏观管理和微观管理两个方面。所谓宏观管理,是指对整个城建档案工作实行"统筹规划,组织协调,统一制度,监督、指导和检查"。也就是为城建档案工作制定全局性的战略决策与措施,这对城建档案工作的健康发展起着决定性的作用。所谓微观管理就是为制定与实施各项具体业务建设的原则和方法,以及组织协调城建档案馆与各建设单位和建设系统的基层档案室(科),内部各项业务建设之间的工作。也就是对城建档案工作各项具体工作上选择和运用优化的管理技术与措施。这对整个城建档案工作的基础有着决定性的影响。由此可见,城建档案工作的宏观管理和微观管理是不相同的。但是,它们之间又是密切联系的。各级档案行政管理部门,中央和地方各专业主管机关的城建档案部门,要重视城建档案工作的宏观管理。城建档案馆和基层城建档案室,应当着重从事城建档案工作的微观管理,加强基础建设。这样才能取得更好的效果。①

一、基本任务

(一)基本任务的内容和含义

1.基本任务的内容

城建档案工作是维护城市建设历史真实面貌的一项重要工作,其基本任务是:按照科学的原则和方法,集中统一管理好城建档案,充分发挥城建档案的作用,为城市规划、建设和管理工作服务,为社会其他需求提供服务。

城建档案工作的内容,包括三个方面:城建档案管理工作,即城建档案馆工作和城建档案室工作;城建档案业务领导和指导工作;城建档案宣传教育和学术研究工作等。

第一,城建档案管理工作。是指城建档案馆和城建档案室的各项业务建设,包括对列入归档范围的城建档案的形成与积累进行业务指导;对城建档案进行接收、征集、补测补绘、修改补充;做好城建档案的整理、鉴定、保管、保护、统计等基础工作;开发城建档案信息资源,编制各种检索工具,大力开展编研工作,积极推进城建档案的利用和咨询服务工作等。

第二,城建档案的业务领导和指导工作。遵照城建档案工作必须按专业实行统一管理的要求,它包括一方面是专业主管机关对城建档案的业务管理工作,是指国家专业主管机关和地方专业主管机关的档案部门,对所属系统各单位城建档案工作所进行的业务管理工作;另一方面是国家档案

---

①凌怡娴,探析城市记忆和档案关系[D].山东大学,2016.

行政管理部门对城建档案的业务指导工作,是指国家档案行政管理部门和地方档案行政管理部门,对城建档案的业务指导工作。以上这两部分工作,具体包括城建档案工作的组织建设,根据要求,建立健全各层机构,制定发展规划、健全法规体系、统一专业标准和规范,进行城建档案工作的监督、指导和检查,帮助解决基层单位遇到的问题和困难,促进城建档案事业的健康发展。

第三,城建档案宣传教育、干部培训和学术研究工作。随着城建档案事业的发展壮大,宣传工作、教育工作、干部培训工作、理论研究、科技研究以及城建档案的国际交流等工作,也会逐渐建立和发展起来。

以上各项工作内容,虽然各自之间相对独立,但又互相联系、协同一致地组成一个有机的统一体。只有做好以上各项工作,才能完成城建档案工作的基本任务。

2.基本任务的含义

(1)原则

城建档案工作坚持集中统一管理的原则。

集中:城建档案工作和档案实体由各级城建档案管理专门机构集中领导和管理。

统一:统一领导,统一制度,统一标准等。

(2)制度

必须建立统一的城建档案工作制度。

(3)方法

在城建档案工作中科学地管理好城建档案,大力开发城建档案信息资源。

(4)发展

随着社会的发展,逐步实现城建档案管理工作的现代化、信息化。

(5)目的

城建档案工作的最终目的是更好地为经济建设服务,为社会其他需求服务。

(二)城建档案工作的内涵和外延

城建档案工作包含着城建档案事业管理和档案资源管理这两个职能不同而又有密切关系的工作。

1.城建档案事业管理

城建档案事业管理包括城建档案管理以及城建档案科研、教育、宣传、法制等工作,要对城建档案事业的各个方面进行统筹规划、组织协调、业务指导、执法监督。

2.城建档案资源管理

城建档案资源管理是对各种形态的城建档案进行具体的技术性管理,它又分为城建档案实体管理和城建档案信息管理。城建档案实体管理,是指对城建档案的实体进行收集、整理、鉴定、保管、统计、提供利用等。城建档案信息管理,是指对城建档案内容信息进行分析、检索、编目、数字化存储、信息开发等。

在城建档案资源管理方面,同其他档案工作一样,城建档案工作的基本任务包含八项具体工作内容,通过做好这八项具体工作来完成,即八个工作环节:积累、收集、整理、保管、鉴定、统计、提供利用和编研工作。

二、工作环节

(一)城建文件材料的积累

本书在第一章城市建设档案概述中,专门探讨了城建文件材料,它们是在城市建设一系列活动过程中由各个行业和专业产生。城建文件材料的积累是城建档案工作的基础,是确保城建档案完整的必要条件。按照城市建设活动的内在联系和规律,各项工作都有一定的运行机制和程序,文件材料按要求形成后,一般会停留在不同阶段的不同环节之中,这就难免造成档案的分散使用和多头管理。因此,必须做好平时的积累和保管工作,及时将有保存价值的文件材料归档,防止损坏与散失。在这一阶段,城建档案工作开始介入建设活动的各个环节,纳入各项工作的运行程序之中。

(二)城建档案的收集

收集工作就是按照接收制度和专门的征集方法,把分散在部门、个人手中和散失在社会上的具有保存和利用价值的城建档案,集中保存在档案室或城建档案馆,实现集中统一管理。这里面包含两个步骤:一是收集和积累工作紧密相连,城建档案从分散到相对集中,从停留在部门和个人手中到集中保存在档案室,这反映出城建档案形成过程比较漫长和复杂,档案形态反复变化。二是集中接收,档案形成后经过一定的渠道,移交到城建档案馆。

(三)城建档案的整理

城建档案的整理就是遵循城建档案的自然形成的规律和保持文件、图纸材料之间有机联系的原则,对城建档案进行科学分类、有序排列、顺序编号、系统编目、合理立卷,使之有序化,方便保管,对应调查。整理的过程实际上包括了档案实体整理和档案信息整理两个方面。侧重实体,兼顾信息,提炼出有价值的信息内容。

(四)城建档案的保管

以一定的手段和措施,将档案存放保管于专门的库房或场所,保护城建档案的完整和安全,做好机要保密工作,最大限度地延长档案寿命。档案要确保有序存放,方便查阅调卷。

(五)城建档案的鉴定

档案鉴定是对价值的评价和预测,通过鉴别城建档案的价值,决定档案的保管期限,并将失去保存价值的档案筛选出来进行销毁。从广义上讲,鉴定还应包括鉴别档案真伪和决定文件材料是否归档保存的一面。由于城建档案具有体量巨大的特性,难免造成泥沙俱下,不管有用没用统统归档保存的局面,给馆藏造成很大压力。所以鉴定和鉴别工作对城建档案管理显得尤为重要。

(六)城建档案的统计

包括两个层面:对档案实体及其管理状况的统计和城市建设对档案事业的组织与管理状况的统计。任务是对城建档案和档案工作的开展情况进行统计调查、统计整理、统计分析,提供统计资料,实行统计监督。统计并不是单纯的事务性工作,具有很重要的意义。它是认识城建档案工作的一种重要手段。通过必要的统计,可以把定性分析和定量分析结合起来,为制定城建档案工作的方针、政策和编制档案事业发展规划提供重要依据。

(七)城建档案的提供利用

将城建档案提供出来为城市规划、建设和管理等各项工作需要服务。

这是城建档案工作的最终目的。城建档案是高频利用的档案,在其归档前档案与文件材料的反复转换,形成档案以后仍然要反复利用,使得档案和信息管理工作变得极为复杂,特别是对档案原件的保存极为不利。因此,除了满足各方面查询城建档案的需求,还要对档案的价值进行充分开发,通过创造各种条件,以各种行之有效的方式方法加以利用。

(八)城建档案的编研工作

编研工作指的是对档案内容所反映的城市建设活动的信息,根据需要或有1目的地进行提取和一定程度的再加工,使之开发出更大的价值。档案编研工作实际上应是信息开发的一个方面,现在更注重从整体上把城建档案作为资源来看待。应侧重对城建档案信息进行有效梳理和充分整合,发挥其巨大的资源效应。

三、依存关系

城建档案8项工作环节存在一系列相互依存关系。

(一)起点和目的关系

城建文件材料的积累,是城建档案工作的起点,提供利用是城建档案工作。

(二)来源和归结关系

城建文件材料的积累和收集工作,是城建档案的来源,通过这些工作环节形成和归结了完整的城建档案,从而促使城建档案工作蓬勃发展。

(三)利用和存在关系

积极组织利用工作,提供城建档案为城市规划、建设、管理等各项工作服务,充分发挥城建档案的作用,使城建档案工作具备存在的意义和价值。

(四)基础和保障关系

城建档案的整理、保管、鉴定、统计等工作,是整个城建档案工作的基础,将系统积累和收集的档案变为有用的形态和有效的信息,为其提供利用和信息开发创造了可能性。

第三节 城市建设档案管理的性质

城建档案工作是一项以城市建设为中心内容的专业性和服务性的工作,为了维护城市建设发展的真实历史面貌,为了做好城建档案工作,必须明确了解城建档案工作的性质,以及它在国家政治、经济建设中的地位和作用,便于掌握城建档案工作的方针、政策、工作原则和工作方法,以利于更好地完成城建档案工作的各项工作任务。城建档案工作是科技档案工作的组成部分,它的性质可以概括为专业性、管理性、机密性和服务性。

一、城建档案工作的专业性

为什么说城建档案工作是一项专业性工作呢?这是因为城建档案产生于城市建设的规划、设计、施工、管理和科学研究活动它涉及30多个专业技术,具有综合性。多专业性。根据城建档案的这些特点,开展城建档案工作,这就决定了城建档案工作具有很强的专业性。

在城市建设工作中,它是城市规划、建设、管理工作的一部分。这是因为管理好城建档案,是搞好城市建设工作的一个重要条件,也是进行城市规划、设计、施工、管理和科学研究工作的技术基础工作。无数事例证明,城建档工作是城市建设工作的重要组成部分。比如,1976年唐山发生强烈地震,城建档案在抢险救灾和城市的恢复重建中发挥了重要的作用。认识这个问题,其意义在于将城建档案工作纳入,城市规划、建设和管理工作中,纳入管理体制、技术程序、工作计划和工作制度中,一定要管理好城建档案。

(一)城建档案工作反映城市建设各个专业的特性

城建档案工作的专业性,首先表现在其档案是城市建设活动众多专业的真实记录,是众多专业活动的产物,它明显地反映出城市建设活动各个专业的特点,并且首先为其本专业需要服务。城市建设活动涵盖的行业和专业很广、很多,包括:气象、水文、地质矿物、地震、经济、人口、土地、测绘勘察、规划设计、规划管理、国土管理、文物管理、地震管理、人防管理、消防管理、水利管理、工程设计施工管理、建设管理、房产管理、市政管理、环境保护管理、园林绿化设计施工管理、城市管理、公共交通、建筑材料研制生产等等。这一现实存在,要求城建档案工作必须根据城市建设活动各专业的性质和特点来掌握档案形成的专业特点,按照其内在规律体现与反映专业的特性管好城建档案,做好城建档案工作。[①]

(二)城建档案工作自身的专业特性

城建档案工作本身是一项专门性的工作。城建档案虽然是各个不同专业建设和管理工作活动的记录和产物,各自具有不同的特点,但是,各专业的城建档案工作的各个具体工作环节(收集、整理、保管、鉴定、统计、利用)都遵循着共同的基本的工作规律和原则方法,从而形成了一项具有完整体系的专门性的工作。

城建档案工作遵循档案工作的一般规律,同时也有自身的科学原则和方法,有自己独立的科学体系和工作规律。城建档案工作积累、收集、整理、保管、鉴定、统计、利用和信息开发等各项工作环节的确立和相互联结,是城建档案管理内在规律的必然要求,是由城建档案本身和城市建设活动的需要所决定的。

深入了解它的形成机制和属性特点,系统掌握城建档案涉及的专业和知识,应该首先按照档案学、情报信息学、信息管理等方面的规律研究和掌握它的档案特性;其次是根据城建档案工作的自身特点研究它的管理方法和规律。城建档案工作涉及的专业和知识大致有以下几个方面:

1.档案学方面

包括:档案学概论、档案管理学、文书学、档案保护技术学。

档案学概论是研究档案、档案事业和档案学基本规律和基础性知识的学科,主要研究档案的概念、种类、价值,档案工作的性质、发展特点,档案学基本理论等。

档案管理学是研究档案管理工作基本原理、原则和方法的学科,主要研究:①档案的基本概念,包含档案的起源、档案的属性和定义、档案的种类和特点、档案的价值和作用、国家档案全宗及其构成等。②档案工作的组织管理,主要是宏观地研究档案工作的组织体系和管理制度,档案工作的性质、任务和基本原则,档案馆网的设置,档案开放利用等方针政

---

①聂勇浩,熊健怡.建构“全民记忆”——“城市记忆工程”中的社会参与[J].档案学研究,2016,01:91-95.

策。③档案管理的原则和方法。

文书学是研究文书和文书工作的历史发展规律,阐明文书工作的理论、原则和技术方法的一门学科,主要研究:①历史文书学,主要研究各个时代文书的种类、体式、文体、用语、制成材料及其史料价值。②文书工作发展史,主要研究文书工作的起源、演变和历代文书工作的组织、制度与作用。③文书处理学,研究现代文书、各种专用文书和文书处理工作实践。④文书现代化管理,包括电子计算机、缩微摄像、光盘技术以及光电通信等各种新技术在文书工作中的推广应用,以及文书工作的标准化、科学化。

档案保护技术学是研究档案制成材料变化规律和档案保护技术方法的学科,研究内容包括:①档案制成材料耐久性;②档案存储环境与措施;③档案有害生物防制;④档案修复技术;⑤档案复制技术。

2.情报信息学方面

包括:情报学、信息管理学、分类学和系统学。

情报学是研究情报的产生、传递、利用规律和用现代化信息技术与手段使情报流通过程、情报系统保持最佳效能状态的一门科学,主要研究内容是情报的标准与计量、情报的结构、情报传递、情报经济学等。

信息管理学是指运用信息学的相关理论和方法,从管理学的角度来研究相关信息、分析和解决相关管理问题的一个学科。信息管理学的研究内容:①信息管理的基础理论,包括信息管理的科学基础和技术基础,信息行为理论和信息交流理论,信息管理的发展历史和研究进展,信息管理学的对象与方法等等。②信息产品管理,主要研究微观层次上的信息管理问题。③信息系统管理,主要是在微观层次的基础上研究中观层次的信息管理问题。④信息产业管理,主要研究宏观层次上的信息管理问题。

分类学是指分门别类的科学,主要需要了解分类原则、方法。

系统学是研究系统结构与功能,了解他们的原理对城建档案作为系统管理运作有很大帮助。

3.城建档案管理方面

包括:城建档案管理、建设工程档案编制、城建档案信息处理技术。

城建档案管理主要研究城建档案管理工作的基本原理、原则和方法:①城建档案的基本概念,包含它的属性和定义、种类和特点、价值和作用等。②城建档案工作的组织管理,主要是宏观地研究城建档案工作的组织体系和管理制度,城建档案工作的性质、任务和基本原则,法规和体制,城建档案馆的设置,城建档案开放利用等方针政策。③城建档案管理的原则和方法,主要是根据城建档案工作的性质和特点来研究城建档案管理过程中应遵循的原则和方法。

建设工程档案编制主要研究建设工程项目程序及文件材料的形成和积累、竣工图的编制、文件材料的整理、文件材料的组卷等城建档案信息处理技术主要是研究计算机、网络及信息处理技术在城建档案管理工作中的应用、电子文件与电子档案管理、超媒体信息处理技术、数字化技术及网站建设等。

城建档案工作的专业性要求城建档案工作人员既要学习城建档案的业务理论和知识、又要学习城建档案与之联系的各专业的业务理论知识。只有懂得了这些知识,才能进一步熟悉城建档案的内容,根据各专业城建档案的自然形成规律和特点,具体运用城建档案工作的一般原则和方法,根据各专业城建档案的自然形成规律和特点,具体运用城建档案工作的一般原则和方法,科学地管理好各专业的城建档案,主动及时地提供城建档案为城市建设各项活动利用。

二、城建档案工作的管理性

城建档案工作是一项专业性的工作,但它不是一般的专业性工作,而是一项管理性的专业工作,它是城市建设管理和企业管理(或事业管理)工作的重要组成部分。

在城市建设过程中,城建档案工作占有重要地位,是城市建设管理工作的重要组成部分。城建档案工作战线依靠积累的丰富经验,获得政府法规支持,完善体制机构建设,协调建设系统各部门的关系,建立流畅的归档接收渠道,实施档案的科学化、现代化管理,保证档案的及时高效利用。全国行业归属国务院住房和城乡建设部指导,各省市归口建设行政主管部门直接领导,自身机构确立以各地城建档案馆为中心的工作体系。大多数城建档案馆挂有城建档案管理办公室的牌子,具有一定的行政职能,指导、检查和监督城建档案工作,参与建设项目竣工验收,负责审查工程的竣工档案。城建档案工作已完成从政府举办到行业支撑的转变,已形成系统性强,行业性显著的管理体系。

在城建系统的各企业、事业单位,城建档案工作是生产和技术管理工作重要组成部分,资料、档案部门参与设计、生产、管理活动中,组成完整的工作流程。一项工作告一段落,一个项目取得成果,一项工程进行验收等,都必须有资料、档案部门参与文件材料的审查和验收,才能形成最终成果。工作流程完结,审批许可完成,都要进入归档存卷环节。资料、档案部门归档审查,清点要件,排列编号,以保留完整的卷宗。

总之,城建档案工作的法规和各项规章制度建设,已纳入整个城市建设管理及企业、事业单位的管理制度之中,同各项生产、管理制度,同各个工作环节相互衔接构成一个整体,成为一项必要的管理性工作。

三、城建档案工作的机密性

城建档案记录和反映城市建设相关专业技术活动的各项成果,其大量的文件材料、数据、图纸等涉及机密问题。测绘数据和制图、地下管线高程和坐标一般不宜公开;军事、人防、电信、国家重要建筑等设施的资料档案划定有密级;一些涉及商业活动的秘密也应给予保护。因此,有很多档案是国家的重要机密或涉及机密,这就决定了城建档案工作的机要性。城建档案工作必须遵守保密制度,确保档案的机密安全。另外,城建档案记载的内容反映城建活动事项和建设项目,都是城市建设的执法行政行为和涉及工程项目社会功能、安全利益等重大问题。提升到社会高度看待,城建档案工作又是一项严肃的政治工作,要对党对人民对社会负责,维护多方面利益。

四、城建档案工作的服务性

通过城建档案工作,发挥档案作用,为社会服务,为公众服务,为城市建设系统服务。城建档案工作的服务性体现了管理的特性,既是管理工作的方法和过程,也是管理的目的和结果。档案的积累、收集为一项工作形成有用的成果,完整的卷宗和系统的资料,服务于城市建设活动的各个工作环节和过程。档案的整理、保管和统计等,将文件材料进行分类、编目、排列,使之有序化,便于长久保存和提供利用,既服务于城建档案工作本身,又服务于档案利用的对象。档案的提供利用和信息开发是城建档案工作的最终目的,使城建档案发挥应有的作用,服务于城市规划、建设、管理和设计。因此,服务性贯穿于城建档案工作的整个过程,贯穿于城市建设的全部活动之中。

城建档案工作属于技术保障性或技术条件性的服务工作,通过各种形式的技术服务来实现管理,寓管理于服务之中,这也是城建档案工作的目的。提供城建档案信息和科技成果,为城市规划、建设及其管理服务,为城市生产生活服务,以保障城市的正常运行。但它只是辅助性服务性工作,不是主体性工作。对城建档案工作的地位和作用既要充分认识,也不能强调过分。明确服务性,就要摆正位置,搞好服务,甘当配角,从而要求城建档案人员学习专业、熟悉掌握专业技术、了解需要,更好地为城市建设各方面服务,在服务中求发展。

第四节 城市建设档案管理的基本原则

城建档案工作的基本原则与国家整个档案工作的基本原则是一致的。《中华人民共和国档案法》(以下简称《档案法》)规定:"档案工作实行统一领导、分级管理的原则,维护档案完整与安全,便于社会各方面的利用。"《科学技术档案工作条例》规定:"应当按照集中统一管理科技档案的基本原则,建立健全科技档案工作,达到科技档案完整、准确、系统、安全和有效利用的要求。"

要达到安全,一要做到维护城建档案的机密,不致造成泄密、失密、窃密事件,不使国家的重要科学技术受到任何损失;二要有符合保管条件的设施,延长城建档案的"寿命",不使城建档案在任何情况下遭受损失;三要有一套科学的管理办法,不使城建档案由于管理不善而受到损失。[①]

开发城建档案信息,为城市现代化建设各方面服务,是城建档案工作的最终目的。要实现城建档案的有效利用,必须下大力量做好城建档案的一切基础工作,基础工作做好了,才能充分发挥城建档案的作用,才能及时、准确地提供高质量的城建档案信息为城市建设、城市管理、经济发展以及为党和国家各项工作的长远需要服务。

---

①王立媛.档案记忆观视角下"城市记忆工程"研究[D].河北大学,2016.

城建档案工作基本原则的上述三方面的内容,是相互联系的一个整体。所以要实行集中统一管理,就是因为。要维护城建档案的完整、准确、系统与安全,便于城市建设、生产、生活和党与国家各项工作的利用;城建档案的完整、准确、系统与安全,又是发挥城建档案作用的前提;实现城建档案的存在价值,充分发挥城建档案的作用是一切管理工作的根本目的。这是城建档案工作基本原则的完整表述和体现,不能强调一点而忽略另一点。全面贯彻上述基本原则,才能保证城建档案事业健康发展。

一、基本原则

早在1950年,国务院颁布的《关于加强国家档案工作的决定》中规定:档案工作的基本原则是"集中统一地管理国家档案,维护档案的完整与安全,便于国家各项工作的利用"。新的提法是《中华人民共和国档案法》:档案工作实行统一领导、分级管理的原则,维护档案完整与完全,便于社会各方面的利用。它由三个部分组成:统一领导、分级管理;维护档案的完整与安全;便于社会各方面的利用。

国家经委、建委、科委、档案局1980年《科学技术档案工作条例》第二十八条:"国务院所属的各专业主管机关,根据需要建立专业档案馆,收集和保管本专业需要长期和永久保存的科技档案。大中城市应当建立城市基本建设档案馆,收集和保管本城市应当长期和永久保存的基本建设档案。"

因此,城建档案工作的基本原则是集中统一管理城建档案,维护档案完整与安全,便于城市建设各项工作利用。

二、基本原则的含义

(一)集中统一管理

1.统一领导

统一领导体现在体制和机构、法规和规范、方法和制度三个方面。

(1)体制和机构

城建档案工作的体制和机构要有统一领导。以政府建设行政主管部门为主导、管理,档案行政主管部门为监督、指导,建立省一级的城建档案管理指导机构,市一级的城建档案管理实体机构。

(2)法规和规范

城建档案工作要有法律法规支撑,要制定工作规范和技术标准。法律法规层面包括国家法律、国务院规章、国务院部门规章、地方性法规、地方规章;工作规范包括国家行业规范和技术标准,地方规范和技术标准。

（3）方法和制度

城建档案工作的基本原则和方法、配套的制度等要有统一性。在法律法规约束下,在行业技术标准和规范框架内,遵循城建档案工作的基本原则,制定符合本城市、本地区地域特点的一系列工作方法和制度,用以开展城建档案管理的实际工作。

2.集中管理

城市建设系统各个单位、建设单位、建设项目的城建档案工作和档案实体,必须由城建档案部门进行集中统一管理和保管,不能分散在其他部门和个人手中。

3.集中保管

一个城市或地区的城建档案工作由城建档案管理机构领导和管理,具有长期和永久保存价值的城建档案,要移交到城建档案管理机构进行集中保管和提供利用。

（二）完整与安全

维护城建档案的完整与安全是档案管理最起码的基本要求。只有保证城建档案的完整与安全,才能为城建档案工作提供必要的物质基础。

1.完整

从数量上,保证档案的齐全成套,保证应该集中和实际保存的档案不致残缺短少。

2.准确

从内容上,确保档案所反映的事项真实可靠,各种签字、签章手续完备无缺。

3.系统

从质量上,也就是从系统性方面要维护档案的有机联系,不能人为地割裂分散,或者零散地堆砌。

4.安全

力求档案本身不受损坏,尽量延长档案寿命,保证档案管理物质安全;保护档案免遭有意破坏,档案不被盗窃,不失密,保证档案管理的政治安全。

（三）便于工作利用

1.端正服务态度

城建档案工作的归结点是提供利用,只有通过提供利用才能检验城建档案工作的成效,看其能否为社会作出贡献,能否创造应有的社会效益和经济效益。

2.明确服务目标

城建档案工作的服务目标非常明确,是为了城市建设各项工作,为了社会各个方面的需求;城建档案的收集、整理、鉴定、保管、编目等各项工作环节,也都应围绕这一服务目标展开。

3.提高服务质量

为了便于城市建设各项工作利用,便于服务社会,要不断地提高城建档案工作的服务效率和服务质量,创造良好的服务条件。

城建档案工作基本原则的三个组成部分,是辩证统一的关系。集中统一管理是核心,没有集中统一管理就不能维护城建档案的安全与完整,就不能为城市建设各项工作提供利用;离开维护城建档案的完整与安全、便于城市建设各项工作的利用,集中统一管理就失去了它的意义。

第五节 城市建设档案管理的机构组织建设

《科学技术档案工作条例》第二十七条:"科技档案必须按专业实行统一管理。"第二十八条:"国务院所属的各专业主管机关,根据需要建立专业档案馆,收集和保管本专业需要长期和永久保存的科技档案。"这些规定中所提及的科技档案包含城建档案。城建档案产生于城市建设活动和项目建设活动,涉及的面很广,专业性很强,同城市建设整体活动密切相关,与建设项目全过程密切相连,这一特性使城建档案工作成为一项系统的管理工作。另一方面,城建档案涉及城市建设的各个方面,管理范围广,工作难度高,承担责任大,发挥作用强,这要求对城建档案工作必须实行统一领导,其机构组织建设由城市建设各级主管部门统一管理,档案业务管理部门进行监督、检查和指导。

国家和地方城建档案工作领导部门分为四个层面：

第一,国务院住房和城乡建设部负责对全国城建档案工作的业务进行监督、检查和指导。

第二,各省、自治区、直辖市人民政府所属的城市建设主管部门负责对全省、自治区、直辖市的城建档案工作的业务进行监督、检查和指导。[①]

第三,各大中城市及小城市和县人民政府所属的城市建设主管部门或规划部门负责对全市(县)、镇(乡)城建档案工作的业务进行监督、检查和指导。

第四,城市建设各专业单位(包括总公司),负责对本系统城建(基建)档案工作的业务进行监督、检查和指导。

在上述四个层面的领导体制下,各级主管部门加强对城建档案工作的领导,健全各级城建档案管理机构,充实必要的技术或档案专业人员,管理好本专业的城建档案。

一、各级档案业务指导部门

各级城建档案部门接受同级档案行政管理部门的监督、检查和业务指导。

二、城建档案工作执行机构体系

至 2005 年底,在全国范围内,已经建立起建设部、省(自治区、直辖市)、市(地级行政区域)三级城建档案行政管理,以及市级城建档案馆和县(市、区)级城建档案室(馆)两级城建档案实体管理的城建档案工作体系。全国 31 个省、自治区、直辖市共有 23 个建设行政主管部门建立专门的城建档案行政管理机构;没有建立专门机构的省、自治区也都确定主管部门和专职人员。全国 660 多个设市的城市中,已建立近 500 个城建档案馆,占设市城市总数的 76%;大、中城市 100% 建立城建档案馆。绝大多数大中城市设置城建档案管理处(办公室),实行馆处合一体制,强化城建档案行政管理职能。全国各县、区城建档案工作也取得较快发展,有 1000 多个区、县建立城建档案室。

20 世纪 80 年代,国家要求大中城市建立以城建档案馆为中心的档案管理执行机构,收集和保管本城市应当长期和永久保存的城建档案。在住房和城乡建设部的努力下,经过二十多年的发展,全国各大城市,甚至绝

---

①夏琦波,申玲,城市建设工程管理[M].学工业出版社,2018.

大部分中小城市基本都已设立城建档案管理机构,建立城建档案馆。城建档案馆的建立,是社会进步和城市发展的结果,是城市建设管理的需要,也是加强城建档案管理的一项重要措施,现在,各地都在努力把城建档案馆建设成为城建档案储存、检索、信息开发中心,城市建设的技术服务中心,城建档案馆的功能和作用在很大程度上得到扩展和提升。

三、基层城建档案管理网络

实际上,基层城建档案管理部门的数量是非常众多的。这一群体是搞好城建档案工作的基础,也是最需要给予工作指导和加强管理力度的战线。基层各形成和使用城建档案的单位,就像网络上的节点,看似孤立没有联系,实际存在着联系的可能。关键是如何将这些节点有效地连接起来,形成一个完整的网络系统,使城建档案管理工作的执行力能够有效传导。因此应建立健全基层城建档案管理网络,努力促使基层建立城建档案管理的专门部门,配备适应工作需要的档案管理人员,对单位的城建档案实行科学管理,充分发挥其有效作用。

(一)基层城建档案工作实体

基层城建档案工作实体是城建档案管理机构以外的其他城建档案机构或部门。

1.建设系统城建档案室

建设系统各个单位、部门的资料室或档案室。

2.村镇建设档案室

地级市、县主管部门建立的县级或乡镇级城建档案室。

3.建设单位技术档案室

资料室。

所有有基本建设项目的企事业单位所设立的基建、产品、设备等技术档案,建设项目工程档案室,所有建设项目在项目建设运行过程中所设立的工程档案室。

(二)基层城建档案室的基本任务和工作要求

1.建立健全城建档案工作法律法规和各项规章制度

(1)制定和完善档案管理的规定、办法、实施细则等。对归档文件管理工作的性质、原则进行规定;明确档案管理机构及其职责,隶属关系和网络体系的构成;规定文件材料收集范围、责任划分、收集方式、质量要求,归档范围和保管期限,档案验收移交要求和程序;规定归档文件整理、归档与移交要求、立卷的要求和责任;制定文件档案鉴定的程序、方法、管理的措施、借阅利用的程序。

(2)建立健全规章制度。档案管理考核办法:确定归档管理考核内容、考核办法和考核程序,规定奖励及处罚办法和事项。档案借阅制度:借阅范围、审批权限、还卷期限等。档案室或库房管理制度:库房安全防范措施、档案保护措施、保密措施等。档案统计利用制度等。

(3)编制相应的操作标准和规范。针对归档文件和档案的积累、形成、收集、整理、分类、编目、编制等各个环节,按照国家行业标准和规范要求编制本单位的标准和规范。也可以直接执行国家行业标准和规范。参考的国标规范有:《科学技术档案案卷构成的一般要求》(GB/T 11822—2008),《技术制图复制图的折叠方法》(GB/T 10609.3—2009),住房和城乡建设部《建设工程文件归档规范》(GB/T 50328—2014),国家档案局《国家重大建设项目文件归档要求与档案整理规范》(DA/T 28—2002)和《企业档案工作规范》(DA/T 42—2009)等。可以编制:分类纲目表,分类编目细则,归档范围和保管期限表,案卷目录名称表,归档文件编制规范,档案验收移交流程等。

2.对城建档案工作实行统一领导,分级管理

国家规定档案工作实行统一领导、分级管理的原则。城建档案在实行集中统一管理时又具有自己专业的特点。从城市的整体考虑,城建档案特别是城市建设工程竣工档案,应是在集中统一管理原则指导下的分级多库(多套)分存。

如何选择"三级"保存环节,要根据各城市实际情况,不必一刀切。在大型城市中可采用下述方案。城建档案馆实行重点综合管理。收集和保管本城市应当永久和长期保存的城建档案。这作为第一库。

综合管理,是从城市建设的规划、设计、施工、管理、科研和抗灾、战备等7个方面的综合需要考虑保管档案的范围。凡具有上述性质的城建档案,都应向城建档案馆报送。主要包括四个方面。

第一,全市性、综合性的各方面都需要使用的档案,如类似城市地下工程设施综合图及其单项工程设施的竣工图、城市遥感材料及为形成这种材

料的原始材料；

第二，全市性、地域性、公共性的工程设施档案，主要指地面重要工程设施的竣工档案；

第三，有关城市历史、城市经济、城市自然条件、城市发展、城市管理的基础性档案及其有关资料；

第四，市属城市建设和城市管理的专业部门，具有永久保存价值的规划、设计、施工、管理、技术、科研方面的档案。

由于城市建设工作任务综合性比较强，许多工作活动在城市中无法孤立进行。因此，必须设立一个综合管理部门集中统一管理城建档案，为城市建设服务。比如，城市规划是一定时期城市发展的计划，是各项建设的综合部署和管理的依据。要做好这项工作，必须掌握城市的各种历史、现状、自然、社会等各方面的基础资料。在城市范围内进行工程建设，无论新建、扩建、改建和翻建，无论军用、民用、生产、生活建筑，都必须经过城市建设规划管理部门审查同意后才能进行施工。在审查以上工程时，也需要利用各种地上地下现状资料为依据。设计部门和施工部门。为了进行某项工程的设计和施工，必须掌握该地区的综合资料；否则，依据资料不充分，必然造成设计上的返工和施工中的挫折。

总之，根据各方面的需要，设立城建档案馆，对城建档案实行集中、统一的管理，为城市的现代化建设提供系统的利用和咨询服务。

城市建设各专业主管单位或其专业管理单位，城市各区域（各区、县、镇）对本单位（本系统）、本地区的专业工程竣工档案及其他城建档案，实行集中统一的专业（地区）管理。这作为第二库。

各专业管理单位，有的同时也是城市专业工程项目的建设单位，在城市的地位类似一种专业"托拉斯"，对本单位、本系统、本城市的该专业的工程竣工档案应实行统一管理。暂时不能全部统一的，应对分散管理部分做到心中有数，并应逐渐实行城市专业工程设施的建设和管理社会化，这是今后城市发展和城市现代化管理的必然趋势和要求。专业管理单位的责任，首先必须保存好。本专业的全部档案，包括基建竣工档案、设备档案、生产技术档案和科研档案等，特别是专业工程设施的基建竣工档案。

专业管理单位承担着工程设施的管理和日常维护的任务，对竣工档案利用最为频繁，应根据维护中的变更负责修改补充有关的城建档案。专业管理的档案是城建档案馆的档案来源,这种专业档案保存的是否完整、准确,直接影响全市的集中统一管理。因此,必须加强专业管理部门的档案工作,切不可忽视。

城市各区域(区、县、镇)的管理,也是综合管理的一部分,在城市中它属于二级管理。由于城建档案的综合性和整体性,多数以城市为单位,不少区域性的城建档案,已由市城建档案馆保存的内容所包括,因此,二级管理的内容较少。在城区重点管理区属有关工程设施的城建档案,在城市边缘的区县和一些新建村镇,区域管理可适当加强,负责管理本区县所属工程设施和村镇建设的档案以及与本地区有关的城建档案。

各建设单位(一般指个体工程设施自管单位)管好本单位工程设施的档案。城市各建设单位,包括各机关、团体、工厂、学校、部队等工程使用、管理维护单位,都应根据工程设施维护管理的需要,收集和保管好其工程的竣工档案,并有义务供各有关城市建设部门查考。这作为第三库。

城市的房屋建筑工程设施多数城市尚未全部实行统一管理。就目前情况看,大致分三种情况:城市房管部门管理、专业主管单位(大单位)按系统管理、建设单位(个体)自管。特别是后两种管理,在城市无力全部收集保管起来的情况下,强调自身保管好本单位维护的工程的竣工档案还很有必要。

中小城市的城建档案如何分级管理,要根据城市建设与管理部门的机构设置和各部门的保管使用状况,一般采用多种形式。

第一,"设馆"城市要尽量多管、管细。可考虑以城市为单位的综合管理为主,专业单位和建设单位管理为辅。凡城市需要长远使用的城建档案,城建档案馆都可以接收保存起来;而专业单位和建设单位只保存平时经常使用的部分,其余部分或全部或部分交城建档案馆保存,这要视城建档案馆的驻地与专业单位驻地的远近、调阅使用是否方便、保管条件等情况而定,不要搞一刀切。

第二,"不设馆"的城市可由几个专业单位分别保管。这种方式可由城市建设规划管理部门的档案室牵头,根据城建档案的不同类别、不同专业性质确定保存单位。如城市建设竣工档案,一般都通过规划管理渠道接收,这部分档案可由规划管理部门或房地产管理部门的档案室保存;如地下工程设施档案由城市测绘部门的档案室保存;其他专业的城建档案,则可以由本专业单位自管。

对城建档案工作实行统一领导,分级管理还应注意以下三点:

(1)领导负责

城建档案工作实行领导负责制,确定负责档案工作的领导机构和分管负责人,实行各部门和有关人员档案工作责任制,并采取有效的考核措施。

(2)监督指导

对本单位各部门和相关单位进行有效的监督、指导,顺利开展档案工作。

(3)配备专人

配备适应工作需要的档案管理专业人员。在档案工作机构统一领导下,单位各个部门和所属单位要指定专职或兼职人员负责归档文件收集和管理。在单位统一领导下,相关单位应与之对应设立档案管理专门机构和人员,逐级建立起归档文件管理网络体系。

3.项目文件材料管理纳入合同管理

对有建设项目的单位,合同管理是行之有效的控制措施。建设项目中各方应以合同形式约定竣工档案编制和提交的责任,可在施工合同或设计合同中明确,也可单独签订竣工档案编制合同。

4.档案管理人员要经过档案管理专业培训建设单位档案管理人员的专业培训和组织开展相关参建单位档案或资料管理人员的专业培训。

5.保证档案工作经费和必备场所

采用先进技术,实现项目档案管理现代化,配备计算机、复印机及声像器材等必备的办公设备,且性能优良,满足工作需要,配备档案库房、办公用房、阅览用房,确保档案收集、整理、保管的必备场所。

6.管理城建档案

齐全、完整、准确、系统地收集、整理、保管和统计本单位的城建档案,确保及时提供利用。

7.及时报送和补报

做好向上一级城建档案管理机构报送城建档案和补报的工作。

第六节 城市建设档案管理的监督和检查

城建档案的监督和检查,由各级城建档案主管部门履行职责,对各级城市、各级单位贯彻执行城建档案工作法规和各项规章制度的情况,进行监督和检查。

一、城建档案工作法制建设

(一)法律、法规建设层面

1.国家级法律

《中华人民共和国城乡规划法》《中华人民共和国档案法》《中华人民共和国建筑法》

2.国务院级规章

《科学技术档案工作条例》(国务院批准,国家经委、国家建委、国家科委、国档案局发布,1980年)

《建设工程质量管理条例》(国务院令第279号,2000年)

3.部级规章

《中华人民共和国档案法实施办法》(发布:国家档案局第1号令,1990年;重新发布:国家档案局令第5号,1999年)

《城市地下空间开发利用管理规定》(建设部令第58号,1997年)

《城市建设档案管理规定》(发布:建设部令第61号,1997年;修改:建设部令第90号,2001年)

《房屋建筑工程和市政基础设施工程竣工验收备案管理暂行办法》(发布:建设部令第78号,2000年;修改:建设部令第2号,2009年)

《城市房地产权属档案管理办法》(建设部令第101号,2001年)

《城市地下管线工程档案管理办法》(建设部令第136号,2004年)

4.部级文件

《地方各级档案馆人员编制标准》(人事部、国家档案局国档子发〔1985〕2号)

《城市建设档案归属与流向暂行办法》(国家档案局档发字〔1997〕

20号）

《房屋建筑工程和市政基础设施工程竣工验收暂行规定》（建设部建〔2000〕142号）

《关于认真贯彻国务院第279号令和建设部第78号令切实加强工程档案管理工作的通知》（建设部建办〔2001〕103号）

《市政基础设施工程施工技术文件管理规定》（建设部城建〔2002〕221号）

《企业档案管理规定》（国家档案局、国家经贸委、国家计委档发〔2002〕5号）

《重大建设项目档案验收办法》（国家档案局、国家发改委档发〔2006〕32号）

《关于切实加强建设工程档案归集管理的通知》（建设部建办〔2011〕1161号）

5.省级法规、规章或省级建设行政主管部门文件

《城市建设档案管理规定（或条例）》等。

6.市级法规、规章或市级文件

《城市建设档案管理规定（或条例）》等。

7.市级建设行政主管部门文件或城建档案工作部门文件对照以上法律法规文件,制定的本级法律、法规、文件。[①]

（二）行业标准和技术规范层面

国家现行行业标准和技术规范：

行业标准《文书档案案卷格式》（GB/T9705-2008）

行业标准《技术制图复制图的折叠方法》（GB/T10609.3-2009）

行业标准《照片档案管理规范》（GB/T11821-2002）

行业标准《档案装具》（DA/T6-92）

行业标准《CAD电子文件光盘存储、归档与档案管理要求》（GB/T17678.11999）

行业标准《科学技术档案案卷构成的一般要求》（GB/T11822-2008）

行业标准《归档文件整理规则》（DA/T22-2015）

行业标准《城市建设档案著录规范》（GB/T50323-2001）

---

① 陈永刚,开源GIS与空间数据库实战教程M]:清华大学出版社,2016.

行业标准《建设工程文件归档规范》(GB/T50328-2014)

行业标准《电子文件归档与管理规范》(GB/T18894-2002)

行业标准《建设电子文件与电子档案管理规范》(CJ/T117-2007)

行业标准《建筑工程资料管理规程》(JGJ/T185-2009)

行业标准《企业档案工作规范》(DA/T42-2009)

行业标准《档案馆建筑设计规范》(JGJ25-2010)

行业标准《城建档案业务管理规范》(CJJ/T158-2011)

行业标准《城市轨道交通工程档案整理标准》(CJJT180-2012)

行业标准《国家重大建设项目文件归档要求与档案整理规范》(DA/T28-2002)

二、城建档案管理机构建设

建立健全城建档案管理机构,赋予工作职责,人员编制达到标准和到位。配备与工作相适应的档案管理人员。对以下内容进行监督、检查:

第一,城市以城建档案馆为基础的管理机构。从城市建设长远利益出发,应赋予城建档案馆行政执法和管理职能,设立城建档案管理办公室。城建档案馆人员编制标准参考:《地方各级档案馆人员编制标准》(国档联发〔1985〕2号)规定:以馆藏档案1万卷确定编制基数,大城市各级档案馆为10人,馆藏超过1万卷不足30万卷的,其超过部分每5000卷增配1人。

城乡建设部提出各级城建档案馆人员数量应达到:直辖市50人以上;特大城市(百万人口以上的城市)40～50人;大城市25～40人;中等城市10～25人;小城市和县5～10人。城建档案馆专业技术人员数量至少应占全馆总人数的80%以上。

第二,城建档案管理的有关规章制度是否纳入企事业单位管理之中,是否纳入有关人员的岗位责任制。

第三,对过去散失的和不准确的城建档案是否进行收集或补测补制。

第四,新建的建设工程项目,是否坚持按照有关规定参与竣工档案验收和接收。

第五,应向城建档案管理机构报送的城建档案,是否按时、保质、保量地移交。

第三章 基于智慧城市的数字化建设

第一节 智慧城市下城市建设档案建设的现状分析

近年来,我国信息技术和应用水平不断提高,信息化技术在城市规划、建设、管理与服务方面的应用取得很大发展。2012年11月,住房和城乡建设部办公厅发布了《关于开展国家智慧城市试点工作的通知》。通知指出,建设智慧城市是贯彻党中央、国务院关于创新驱动发展、推动新型城镇化、全面建成小康社会的重要举措,要求各地要高度重视,抓住机遇,通过积极开展智慧城市建设,提升城市管理能力和服务水平,促进产业转型发展。笔者旨在通过分析建设智慧城市的目的和意义,来探讨如何提升城建档案服务功能,利用城建档案更好地服务于智慧城市建设。

一、智慧城市概念

智慧城市的概念很宽泛,对此有很多理解。IBM在《智慧的城市在中国》白皮书中,把"智慧城市"定义为这样一个城市:"能够充分运用信息和通信技术手段感测、分析、整合城市运行核心系统的各项关键信息,从而对于包括民生、环保、公共安全、城市服务、工商业活动在内的各种需求做出智能的响应,为人类创造更美好的城市生活。"智慧城市是以"发展更科学,管理更高效,社会更和谐,生活更美好"为目标,以自上而下的、有组织的信息网络体系为基础,整个城市具有较为完善的感知、认知、学习、成长、创新、决策、调控能力和行为意识的一种全新形态的城市。这种城市以信息、知识和脑力资源为支撑,通过透明、充分的信息获取,广泛、安全的信息传递,有效、科学的信息处理,均衡而有效地提高城市运行和管理效率,改善城市公共服务水平,从而跨越式地提高城市发展的创新性、有序性和持续性,形成低碳城市生态圈,构建城市发展的新形态,使整个城市像一个有智慧的人那样,具有较为完善的感知、认知、学习、成长、创新、决策、调控能力和行为意识,使绝大多数市民都能享受到智慧城市的服务和应用。①

二、建设智慧城市的目的和意义

我国经过改革开放40多年的发展,中国城镇化步伐不断加快,每年有1500万人口进入城市。到2025年,中国将会有近三分之二的人口居住在城市,中国已进入一个城市社会。城镇化虽然带来了人民生活水平的提高,但城市要保持可持续发展却越来越受到各种因素的制约,需要转方式、调结构、改变生活方式、不断解决突发性事件等问题。

城市保持经济持续快速发展急需转变增长方式,突破增长极限。城市发展日益受到土地、空间、能源和清洁水等资源短缺的约束,城市人口膨胀、环境保护等问题面临的压力也越来越大。这些问题使用传统的技术和管理方法已经难以有效解决,而目前发达国家正在研究如何创新性地使用新一代信息技术、知识和智能技术手段来重新审视城市的本质、城市发展目标的定位、城市功能的培育、城市结构的调整、城市形象与特色等一系列现代城市发展中的关键问题,特别是通过智慧传感和城市智能决策平台解决节能、环保、水资源短缺等问题。"智慧城市"课题正是基于这个背景提出,其必要性和紧迫性十分明显。

城市经济发展的可持续性要求产业升级和结构调整。城市必须拥有一批在未来具有核心竞争力的产业,才能具有经济的可持续性和发展潜力。智慧城市可以通过技术手段的引入,以行业为单位建立虚拟和实体的创新协同机制,整合不同行业之间的协同机制提升城市内部和城市之间的创新能力,推动产业升级和结构调整。

城市发展必须快速和妥善解决应急事件和突发性事件问题。为了防范和解决突发事件问题,智慧城市的引入可以在第一时间快速感知这些突发性事件,通过其智能化的调控能力和行为意识加快判断和决策的准确性、有效性与及时性,实现不同行业和区域的协同和应对能力。同时也可以通过其"学习"能力,不断提高处理应急事件和突发性事件的水平,使应急预案程序化、智能化。

---

① 尚岑.智慧城市视阈下城建档案信息服务研究[D].河北大学,2017.

三、如何利用城建档案服务智慧城市建设

2013年以来,各地智慧城市建设如火如荼,未来城市逐渐向数字化、智慧化的信息社会发展,意味着城建档案工作将面临更多的机遇和挑战。社会对城建档案服务功能的需求标志着城建档案工作必须顺应时代步伐,走信息化道路,步入城建档案信息化、智慧化管理的时代。

(一)智慧城市建设对城建档案信息需求特点分析

智慧城市是信息化、智能化高度发展的一种社会环境模式。在智慧城市背景下,城建档案信息用户对城建档案信息的需求特点必然发生新的变化。首先,个性化更强。随着大众信息素养的快速提升,对各类信息的依赖程度亦越来越强。用户的信息需求呈现多元化发展态势。其次,时效性更强。在智慧城市背景下,信息资源的更新周期会越来越短,城建档案服务领域信息瞬息万变,在时效上要求更高。再次,智能型更高。用户更多的需要是对各类城建档案信息进行综合分析后所得出的智能化决策。最后,时空性更强。互联网拉近了世界的距离。智慧城市背景下的城建档案信息服务需要通过多渠道、多平台、全天候不间断地为用户提供跨越时空的信息服务。

(二)城建档案工作参与智慧城市建设所面临的问题

20世纪80年代以来,我国相继建立了城建档案管理机构。经过长达30年左右时间的发展,数字化城建档案馆建设对于社会公众来说已不再是一个陌生的名词。但依照目前的管理信息化水平,仍然很难对遇到的问题做出快速及时的响应,现阶段城建档案信息化现状还面临几个亟须解决的问题。第一,城建档案来源于不同部门,信息比较分散,很难统一建设;第二,目前城建档案的管理模式主要注重于实体档案管理,对档案中蕴藏的信息未能加工提取,更谈不上高效管理和综合利用;第三,城建档案面临硬件响应落后,由政府有关部门牵头的地下管线管理系统并未真正建立和应用,因地下情况不明造成城市拆迁或建设过程中的灾难性事故经常发生;第四,城建档案本身并未被系统、完整地收集,城建档案的利用在当今信息技术非常发达的条件下还不是很便捷,尚不能利用现状档案做进一步的综合分析和应用。

（三）利用城建档案服务智慧城市建设的思路

利用城建档案服务智慧城市建设要以政府为主导，以信息需求为导向，以提高服务质量和服务效率、降低服务成本、最大程度满足用户需求为目的，为智慧城市政务管理提供城建档案信息资源保障。

首先，要有一套制度体系来规范城建档案信息服务过程中各参与者的行为活动。要制定总体规划、权责分配、操作规程和奖罚制度。具体地说就是要有城建档案信息服务体系的长远目标，信息服务岗位要清晰，权责要明确，要有使服务体系有效运行的操作规程和奖惩制度。

其次，要在城建档案信息的齐全完整程度上下功夫，做好城建档案信息的收集、归档和整理工作，做好城建档案信息的数字化加工。

最后，城建档案信息服务的技术体系需要智慧城市建设中各种信息技术的支持。技术上要基于前沿定位，例如通过数据挖掘和云计算，将有利于从海量信息中获取正确、深层次的隐藏信息。

城建档案信息服务属于社会公益性质，经费较为有限，所以成本需要控制。此外，面向智慧城市的城建档案信息服务市场建设宜采取政府驱动模式，由政府在政策上予以行政支持，保障城建档案信息接收渠道畅通；在经济上提供资金保障，建构城建档案信息服务体系。

四、城市建设档案建设的现状分析

智慧城市下城市建设是一项具有历史意义的工程，档案建设是其重要的组成部分，那么档案建设在其中有着怎样的作用，处于怎样的地位，现状如何，现仅以"H市"城建档案管理为例进行探讨。

（一）调查目的与实施

为了能够更进一步找到目前H市在城建档案管理方面的现状与未来所要建设的智慧城市之间所存在的差距，探讨目前其在城建档案管理当中存在的主要问题，了解市民使用城建档案的需求以及具体的利用情况，进而能够有效地实现市民满意度的提升。基于此，笔者针对H市城建档案馆进行调查研究，调查的主要内容包含以下两个方面：面对面对城建档案馆馆长以及馆员进行访问，了解目前H市城建档案馆的一些管理和服务的基本情况；除此之外，通过对城建档案馆服务对象展开问卷调查了解群众对城建档案馆管理的满意程度和需求。

（二）访谈内容与结果分析

2019年1月至2月，笔者一共成功地对H市城建档案馆当中的四位人员进行了访谈。针对这些人员，其中有一些对于此次调查的内容比较了解，还有一些对于城建档案管理工作本身比较了解。针对这些访谈对象，笔者以匿名编号的方式进行处理，为了能够有效地提升访谈的质量，在访谈之前笔者提前将访读的提纲发送给了相应的人员，在访谈完毕之后及时对访谈取得的资料进行整理，并以电子邮件的方式发送给了相应的访谈对象进行确认。

本研究访谈共设计六道题目，访谈结果摘要整理如下。

问题一：目前H市城建档案馆的机构组成和人员情况如何？

01：H市城建档案馆是市直参公管理正科级事业单位，现有人员11人，包括馆长1名；内设机构5个，包括办公室、业务指导室、档案管理室、声像室和数字化室。城建档案专业人员、计算机类人员缺乏，在编人员9人当中只有2人为工程类专业人员，其他人都非工程类、档案类或计算机类专业人员。作为一个独立的部门，岗位需求较多，面临人手不足问题，不利于城建档案工作的开展，距离智慧城建档案馆的标准较远。

02：面临人手不足问题，我们档案管理室有两名工作人员，但要负责接收竣工档案、查询档案和管理库房，所以经常忙不过来。

03：本馆共有10个行政编、3个临聘人员名额，目前本馆在编工作人员8名，临聘人员3名，现设有档案管理室、业务指导室、办公室、声像室和数字化室五个科室。作为业务指导室主任，还需兼任声像室主任，这两个室只有我一个人，虽然业务不是很多，但是要收集并管理好声像档案就比较辛苦办公室有两个行政编工作人员，负责人事、财务和办公室日常工作，并负责档案外包质量监督检查，也经常忙不过来。

04：我馆工作人员年龄偏大，其中50岁以上2人，40岁以上2人，30岁以上4人，如数字化室有三人，其中两人年龄在45岁以上，扫描工作辛苦，每年都在应付新进馆档案的数字化工作，库存档案数字化工作进程缓慢。

在机构组成上，由问题一的访谈结果显示，H市城建档案馆是市直参公管理正科级事业单位，现有人员11人，包括馆长1名；内设机构5个，包括办公室、业务指导室、档案管理室、声像室和数字化室。受访者认为H市城建档案馆缺乏城建档案专业人员，面临人员高龄化、人手不足问题，不利于城建档案工作的开展。

问题二：H市城建档案馆的档案馆藏数量有多少？有哪些类型？

01：截止到2018年底为止，我馆馆藏档案总量约62105卷，按照我市城建档案分类大纲共有18个大类。馆藏主要是文字材料和图纸，其中，声像档案有5115卷，所占比例很小。

02：馆藏库房不足，目前三个库房只剩下其中一个库房还有三分之一的库存。

03：声像档案共有5115卷，包括相片、录像带、录音带，录音带档案倒带困难，声像档案的保管面临难题。

04：目前，馆藏档案有62105卷，实现数字化的档案大概有近3万卷。

在馆藏资源上，由问题二的访谈结果显示，馆藏档案有62105卷，实现数字化的档案大概有3万卷，数字化程度不到二分之一。馆藏以文字、图纸为主，声像档案所占比例很小，声像档案的保管面临难题。

问题三：H市城建档案数字化、信息化建设的情况如何？

01：本馆目前只接收纸质档案，不能直接接收电子档案，所以档案数字化工作主要是由本馆开展。自2013年开展档案信息化、数字化工作以来，共有约3万卷完成了档案数字化工作，主要是2016年后进馆的档案，档案数字化程度不到二分之一。

02：2016年前的竣工档案、用地规划类、工程规划报建类、规划验收类还未实现档案数字化工作。

03：声像档案的电子档案用硬盘备份保存，还未上传至城建档案管理系统以便查询。由于档案数字化不完善，所以无法高效地为智慧城市建设提供电子档案，扫描图纸耗费时间，需要花费时间等待。

04：档案数字化工作耗时耗费，本馆档案数字化工作经费每年是12万，用以购置数字化工作需要设备和维护保养设备，所以经费比较紧张。档案扫描完成后还面临图像处理和上传问题，数字化工作进度比较慢，还不能和市政务网实现信息共享，只供内部管理和查询使用。

由问题三访谈结果显示，在档案收集和数字化建设上，H市城建档案馆目前还不能直接接收电子档案，只是简单地接收纸质档案，再将纸质档案进行数字化加工。但是由于H市城建档案馆开展数字化建设的时间较迟、专项经费不足等问题，H市城建档案馆数字化进程缓慢。目前，H市城建档案馆2016年以前的馆藏档案没有实现数字化,档案数字化程度不到二分之一。

问题四:目前H市城建档案馆提供的城建档案信息服务有哪些,服务对象是什么群体?每年查阅人次多少?

01:仅提供到馆查询城建档案服务,群众、建设单位和相关部门凭相关业主证明或单位介绍信等查询档案,未开展档案远程服务,党政机关领导和办事员无法在其权限范围内在政务网查询到工作需要的档案,所以查询对象大多面向业主、建设单位和公检法部门。以2018年为例,提供档案利用约80人次。

02:因城建档案管理系统电子档案只有少部分,大多时候要原件调阅查询,无自助查询系统,没有对外开放网上查询,群众往往等候的时间比较长,查询档案的效率比较低。由于在负责查询档案的同时还需要负责接收档案,所以难于主动服务,也没有时间对档案管理利用效果进行追踪回访。

03:声像档案因为没有对外开放查询,所以大多只供内部查询使用。所以和智慧城市建设是有一定的距离的。没有开展过档案编研和档案展览工作。

04:因为系统功能有限,目前不能对建筑物或地下管线信息进行动态提取。查询档案的时候需要打印图纸,所以档案管理室提供档案查询服务的时候往往需要我们数字化室配合打印图纸。

在档案信息服务上,由问题四的访谈结果可知,H市城建档案馆仅提供到馆查询城建档案服务,未开展档案编研、展览等服务,未提供网上查询、电话咨询、邮件咨询等服务形式,声像档案没有对外开放查询,查询系统不能对建筑物或地下管线信息进行动态提取。在利用手续上,H市城建档案馆的用户需携带有关业主凭证或建设单位开具的介绍信到馆,在管理员进行身份验证后,才能提供查阅利用服务,也就是说,不具备产权和单位认可的普通公众不能查阅利用城建档案。未开展档案远程服务,党政机关领导和办事员无法在其权限范围内通过政务网查询到工作需要的档案。

问题五:据您所知,该市城建档案馆为智慧城市建设提供了哪些帮助?

01:本馆在本市智慧城市建设中有提供一些基础信息,例如相关市政工程和地下管线相关档案,可以很好地帮助相关部门合理进行规划、建设、改造。

02：相关部门在规划、拆迁或者改造的时候需要用到水电、通信、网络移交交通等相关信息,这时候我们城建档案馆会凭相关介绍信依法依规提供相关信息。

03：作为声像室工作人员,我们可以对智慧城市建设的原貌、进程、新貌进行跟踪拍摄,最大限度地保留城市记忆。

04：我们的电子档案可以为智慧城市建设提供服务利用,但由于电子档案还不完善,我们的城建档案管理系统还未与智慧城市相关平台联网、实现共享,所以帮助比较有限。

通过访谈,我们可以得知 H 市城建档案为智慧城市建设提供的帮助有：城建档案为智慧城市提供基础信息,尤其是市政工程和地下管线相关档案;声像档案拍摄对智慧城市建设的原貌、进程、新貌留下了城市记忆;电子档案可以为智慧城市建设提供服务利用,但由于电子档案还不完善,城建档案管理系统还未与智慧城市相关平台联网、实现共享,所以帮助比较有限。

问题六：您认为城建档案管理面临哪些困难? 有什么建议?

01：部分城建档案存放在市不动产登记局,如前期准备或者验收备案卷材料部分原件存放在不动产登记局,两个部门没有联网,群众需要跑不同部门查阅档案。同时,本馆面临库存不足问题,所以建议将市城建档案馆和不动产登记档案室合建在同一栋楼办公,这样既解决了库存问题,也方便了群众办事。

02：目前一些建设单位存在违反相关规定和制度的现象,例如违反档案编制规定,立卷归档制度等,因为没有行政执法权,城建档案要规范化管理难度较大。所以建议明确城建档案执法以保障城建档案收集完整、规范。

03：2018 年底城建档案整理与数字化工作实现了外包,但档案整理与数字化外包工作开展进度慢、外包服务公司的设备有限,可以要求外包服务公司加快工作进度、优化档案整理和数字化工作质量,做到规范化管理档案外包工作。

04：面临经费不足、办公设备落后的问题,所以要是能加大投入、购置更加先进的设备就更好了,这样可以加快数字化建设的进程,争取早日满足智慧城市建设的需要。

由问题六的访谈结果可知,受访者认为H市城建档案管理面临以下困难:一是城建档案涉及多个管理部门,部门之间没有联网,群众需要跑不同部门查阅城建档案;二是市城建档案馆面临库存不足问题;三是目前一些建设单位存在违反相关规定和制度的现象,例如违反档案编制规定,立卷归档制度等,因为没有行政执法权,城建档案规范、全面收集难度较大;四是档案整理与数字化外包工作开展进度慢、外包服务公司的设备有限;五是面临经费不足、办公设备落后的问题,难于满足智慧城市建设的需要。

综上,H市城建档案管理模式比较落后,城建档案管理体系、资源体系与服务体系上存在较多问题,与智慧城市建设的基础条件以及最终目标都还存在非常大的差距,档案馆只有更进一步的提升自身服务的质量以及档案利用的整体效率,才能真正地实现档案馆数字化、智慧化的目标与意义,才能更好地发挥城建档案的价值。

(三)调查问卷结果统计与分析

本研究中城建档案管理现状调查问卷表共分为三个部分:第一部分为问卷说明,向被调查的群众表明本次调查的来意;第二部分为个人基本资料;第三部分为现状项目调查,包括城建档案管理模式调查、资源体系调查、服务体系调查等。

从2019年1月到2019年2月,笔者面向来H市城建档案馆办理业务的群众进行了问卷发放与回收工作。问卷共发放400份,收回问卷380份,回收率达到95%。问卷回收后,统一进行人工统计,其中有效的问卷为371份,有效比例为97.6%。

第一部分是针对H市档案资源管理体系进行深入的调查,在这其中主要是针对用户经常查阅的城建档案类别进行整理和分析,从而了解馆藏资源能否满足用户需求,如图3-1所示。通过访谈,笔者发现受访者大多来自业主、相关建设单位、施工单位、设计单位和城市规划部门等。城市规划类、民用建筑类、工业建筑类、地下管线类、城市勘测类相关的信息是这些用户主要关注的档案,这其中包括用地规划许可证、施工许可证、竣工验收备案材料和施工资料等。针对这些材料的属性来看,主要适用于房产确权、解决相关的纠纷以及市政工程等诸多方面,这些内容与市民的日常生活有着非常紧密的联系,因此在查阅服务当中占据了主要的位置。其中其他较少查询利用的档案有综合类、公用设施类、名胜古迹、园林绿化类、工程设计类,这些大类的档案虽然比较少用到,但是利用到的往往涉及政府机关部门或者相关的规划建设类部门,他们往往利用这些档案来为城市规划、建设、改造提供参考,因此同样至关重要。

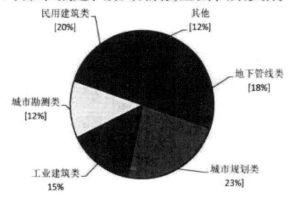

河源市城建档案馆群众查阅档案类别

图3-1　H市城建档案馆群众查阅档案类别

第二部分笔者主要是针对服务满意度进行调查。首先针对服务环境,具体调查结果如图3-2所示,只有72%的用户对于目前的服务环境表示满意,这也就意味着有接近三成的用户认为目前H市城建档案馆在设备设施、空间等方面还存在很大的上升空间,并且这部分用户认为必须尽快进行升级改造。根据进一步的调查发现,目前H市城建档案馆的建筑修建于20世纪90年代,通过借阅室就能够看出,不具备足够的空间以及座位数量,查询的设备也非常落后和老旧,用户在这里并不能体会到自助查询服务。在这样的条件之下,H市城建档案馆还不具备足够的工作人员数量,因此当查询人数较多时很难快速满足用户的查询服务,每个用户查询到需要的资料的时间通常都会比较长。在这样的基础之上,用户的耐心自然会快速下降,对于城建档案管理的满意度自然也不会高。除此之外,还有大约1%的用户对于提供的服务感到不满意,他们认为当前H市城建档案的信息化程度太低,难以提供高效率、优质的服务,并且工作人员在服务态度方面也有待进一步地加强。通过调查和访谈之后发现,受访者在对相关的问题进行咨询的过程中,城建档案馆中有一部分人员难以正确、及时地进行解答,在对档案馆本身的了解以及知识的掌握方面还存在很大的上升空间。除此之外,一些受访者表示目前城建档案馆个别工作人员服务态度被动,缺乏主动服务意识,当下用户的信息需求在这种被动服务模式下并不能得到满足。

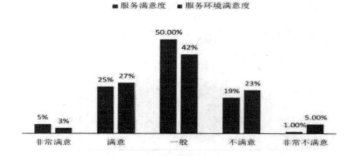

图3-2 H市城建档案馆服务满意度的调查统计结果

如图3-3所示,大约有85%的访谈对象希望能够提供到馆实地咨询这种服务,83%左右的访谈对象希望能够实现网上查询和搜索服务。除此之外,还有大约20%的访谈对象希望能够实现信息推送服务,18.6%的用户希望被提供城建档案展览服务。通过进一步交流,发现大多数访谈者希望在遇到一些紧急问题时,例如管道破裂等,希望能够获得在线咨询和解答的服务。他们认为这种服务模式不仅仅方便快捷,重要的是不用亲自到档案馆当中就能获取到足够的信息,对于时间成本以及人力成本来说都是非常巨大的节约。另外,访谈对象普遍认为目前H市城建档案馆的服务模式太过于单一,在很多方面还存在很大的上升空间,他们迫切希望这种局面能够尽快改善,从而能够获取到更加方便和快捷的服务。

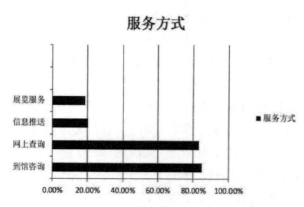

图3-3 受访者期望得到的城建档案服务方式

数字化信息服务情况

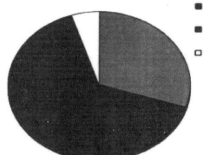

■ 经常被提供数字化服务
■ 有时候被提供数字化服务
□ 极少被提供数字化服务

图3-4　受访者在H市城建档案馆接受数字城建档案信息服务情况

如图3-4所示,在接受调查的用户中,65%的受访者表示H市城建档案馆有的时候会提供数字化服务,大约只有30%的受访者觉得经常能够得到数字化服务,另外还有5%的受访者认为极少得到数字化服务。受访者表示,到城建档案馆查询城建档案信息时,如果是查询历史比较久远的城建档案,往往只能在电脑查询到城建档案目录信息,然后再进库房调阅实体档案,通过翻阅实体档案查询信息,如果想要拷贝或者复制图纸,就要到数字化室进行图纸扫描、打印,这样一来,利用查询所需要用到的城建档案用时较长。在快节奏社会,对于上班族的市民来说还有大量的其他工作需要完成,但是针对现状,必须到城建档案馆当中才能查询到相应的资料,并且必须在工作日才行,这种模式下对市民查询档案的时间和地点有着较大的限制,想要方便快捷地获取到档案信息比较困难。基于这一点也能够看出,在目前智慧城市这个大的背景之下,用户普遍希望能够获得及时、智能的信息服务。

在调查中发现,如图3-4所示,55%的受访者表示H市城建档案馆的查询方式不方便,其中76.60%的受访者认为因为未开展网上查询、未提供远程服务导致城建档案查询不方便,9.60%的受访者认为不方便的原因是因为档案查阅系统不稳定,每次检索显示信息条目不同,要多次尝试检索;有5.70%的受访者认为查询程序复杂,耗费时间;4.7%的受访者感到数字档案不完善,原件调档查询时间长,3.40%的受访者认为其他原因导致城建档案查阅利用不方便。可见,大部分的受访者认为未开展网上查询、未提供远程服务导致查阅利用不方便,服务方式单一是亟待解决的问题。

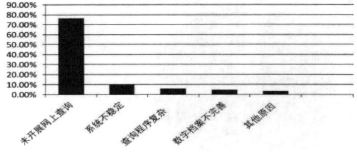

图3-5　受访者认为城建档案查询不方便的原因

　　笔者在进一步与受访者进行交流之后发现,目前很多受访者还表示不知道城建档案馆具体的位置,甚至在地图软件上都没有准确找到所在位置,如果是第一次到馆中查询资料的话必须打电话给工作人员进行位置确定。但与此同时,由于城建档案馆的工作人员身兼数职,有时候会出现电话无人接听的情况,需要多次拨打电话才能咨询,造成一些市民对城建档案馆的评价不高,基于这种情况之下,几乎所有的受访者都希望能够通过网络等方式从城建档案馆当中获取到自己需要的信息,实现足不出户就能进行信息查询,省时省力。想要实现网上查询首先需要解决的就是将纸质的资料信息数字化,并且将这些档案上传到互联网之上。针对目前H市城建档案馆的信息数字化工作,目前仅完成了不到一半,网上查询城建档案难于实现。针对"您对城建档案管理有什么意见或建议"一问,有5名受访者表示"市区内的城建档案馆只能到市城建档案馆移交或查阅,区城建档案馆无法移交建设工程竣工档案或全面查阅城建档案"。在H市,市区分源城区、高新区、江东新区三个区,每个区都设有住房和城乡建设部门,但是还未成立相应的城建档案馆,往往只是成立档案室,无法提供全面的城建档案接收和查阅利用服务,市城建档案馆对区城建档案馆没有实现垂直管理和指导。

　　从访谈结果和调查问卷结果可以看出,H市城建档案工作尚未融入智慧城市建设,城建档案管理与智慧城市建设需求存在着巨大的矛盾;城建档案管理模式落后,工作的质量水平仍旧比较低,工作流程也还存在很严重的滞后性;城建档案资源体系不完善,存在数字化程度低、缺乏规范标准、城建档案资源收集困难等问题;城建档案服务体系建设不完善,城建档案馆实际上仅仅是一个大的档案仓库而已,城建档案信息服务效果有限,与智慧服务相距甚远,城建档案信息的价值无法最大限度地发挥,活信息变成了死档案。综上,城建档案管理与智慧城市建设存在着巨大矛盾,城建档案管理体系、资源体系与服务体系难于跟上智慧城市发展需求,与智慧管理、智慧整合、智慧服务存在较大差距。

五、分析现状背后的原因

社会经济的快速发展,使得互联网技术应用范围日益广泛,为了满足社会发展需求,国家愈发重视智慧城市建设。在新时代背景下,有关部门应积极引进新技术、树立新观念,寻找更加科学、合理、高效的方式,做好智慧城市下城建档案管理的构建工作。

(一)工作方法单一、落后

当今社会是信息高速发展的社会,各行各业的工作都引入信息技术化手段,城建档案管理虽然也引进了计算机等设备,但发展结果却不尽如人意。很多单位还停留在以传统手工操作为主的保管、编目、利用等方式上,档案分类的科学不够,存储不合理,管理仍是围绕纸质实体档案进行的,信息的转化、利用与传输都停留在较为落后的基础上,目前的城建档案只停留在卷宗数据化处理上,初步建立档案目录数据库,这种以有限的人力实施大规模城市建设档案资源的收集、整理、保存、利用显然不能满足信息技术飞速发展的时代。

(二)城建档案管理的信息化程度较低

当前已经进入了信息化时代,各行各业都逐渐开始向信息化方向靠拢,通过信息技术的运用提升了管理效率,推动了行业发展水平的全面提升。因此城建档案管理工作也应当积极进行信息化融合,提升城建档案管理的有效性。但是就当前的情况而言,我国很多城建档案管理部门却并没有认识到信息化发展的重要性,虽然部分地区的城建档案管理部门引入了信息技术,制定了健全的信息化管理体系以及各项制度,但是在实际的管理和服务中却并没有执行这些制度,导致服务效率低下,质量不高,信息化的运用严重滞后。

(三)制度不完善,机构不明确

目前市级以上城建档案馆基本实现全覆盖,但县级城建档案馆基本为零,很多单位没有设立城建档案室,没有成立相应的领导组,职责分化不明确,即使个别单位有,但办公条件简陋,档案所需的各种设备较少,也没有制定相应的规章制度,导致城建档案止步不前,工作的效率低,质量低,工作的开展受到很多制约。

第二节 城市建设档案管理与数字化建设脱节的矛盾成因

一、缺乏基于智慧管理的城建档案管理模式

(一)城建档案管理理念落后

城建档案馆最根本的职责和功能就是保管城市建设过程中形成的各种各样的资料,这些资料的保存和应用是城市建设和发展的重要基础保障。就目前大多数城建档案馆的现状来说,其信息检索和服务能力并没有充分地发挥出来,对于城市的建设和发展还没有起到相应的足够的作用,这种情况下将难以满足城市未来的建设和发展需求。[①]

以 H 市为例,由调查结果可知,其城建档案管理理念存在着以下三方面的不足:第一,存在"精简采集、安于当下"的问题,城建档案部门难于满足公众使用公共信息的需求,缺乏与公民良性互动,对于基础性的标准框架缺少前瞻性预测。第二,城建档案工作主要由 H 市住房和城乡建设局机关推动,H 市城建档案馆进行城建档案保管以及执行相应的维护,很少会形成不同城市之间和部门之间的合作,这一点体现的就是档案管理缺乏足够的共享理念。第三,城建档案的管理主要是以技术作为主要的出发点,缺乏对具体管理过程中出现的一些深层次的管理问题进行分析和探讨。

在智慧城市建设背景下,城建档案的资源采集应包含以下特点:首先,要收集具备城市建筑集合感知特点的资源,也就是说要通过对遍布在城市建筑当中的各类传感器等设施,分析和记录城市建筑当中的一些信息。其

---

①马鸿新.关于加强档案资源开发利用的思考[J].黑龙江史志,2014(05):149.

次,要实现多平台整合,在目前的城市当中存在多种多样的信息化平台,例如针对建筑的物联设备、网络运营平台等等,通过实现这些平台的整合,将有利于更进一步地整合信息资源,充分实现信息整合、分析和建构。再次,多管齐下,多部门协同运行,能够实现集合式进行城建档案信息采样的功能。最后,还需要不断激励创新,通过依托于目前的先进技术持续仅进行创新和发展,从而取得更加良好的发展成果。

总之,城建档案在智慧城市建设中是一项重要的基础信息之一,须为智慧城市建设提供更加全面、及时、丰富、智能、便捷的信息数据来源,现有的城建档案管理理念迫切需要更新。

(二)城建档案标准规范体系建设不完善

从20世纪80年代开始,我国已经颁布了很多关于城市档案管理的法规和相关的文件,通过这些文件的颁布以及实施,使得城市档案管理有了充分的依据和保障。近年以来,我国在原先的基础上又更进一步制定和颁布了诸多法律规章制度,更进一步地加强了城市档案管理工作的规范性,对其在社会经济活动中的作用也作出了充分的阐明。正是由于这些规章制度的相继颁布,使得城市档案管理工作的规范性、科学性以及合理性都得到了前所未有的加强,标志着我国整体的城市档案管理工作上升到了一个新的高度之上,这对于我国未来的城市建设和发展将起到非常巨大的作用。

但尽管如此,在城市档案管理的具体实践过程中,一些违反规章制度的事情时有发生,正是由于这些情况的出现,有时会出现档案被毁或者丢失的情况。例如根据2018年12月底的统计数据显示,馆藏档案有62105卷,其数字化档案有30056卷,然而这当中存在破损档案15卷,城建档案信息管理系统显示数字档案有300111卷,其中丢失了数字档案45卷。经查,档案破损是由于档案存放时间久、工作人员缺乏修补技术;而丢失的45卷数字档案一方面是由于系统不稳定导致数字档案丢失,另一方面是数字档案上传过程中出现错误而没有被工作人员发现从而导致数字档案没有上传成功。这种现象的后果是导致群众到馆查询档案却查询不到相关数字档案,这严重影响了城市建设和管理正常运行。以H市为例,2018年是H市城市建设档案馆的制度建设年,着重制定了一系列关于业务的制度规范,但仍然存在制度漏洞,影响业务开展的效能。

（三）专业技术人才缺乏

后现代档案学的创造者特里·库克（1996）认为，档案管理工作人员在处理档案的过程中必须保证公正和客观的态度，针对所有档案的坚定和整理都必须要求客观再客观。从这一点就能明显地看出，档案管理的工作人员对于档案管理工作的最终质量有着决定性的影响。但针对现状来看，在我国很多地区的城建档案馆当中，缺乏足够专业和足够数量的工作人员已经成了一种常态，加上目前在城建档案馆当中针对工作人员的培训缺乏足够的专业性以及持续性，导致大多数工作人员并不具备足够的专业能力。除此之外，目前的城建档案管理工作人员大多缺乏对于现代先进科学技术的掌握，难以满足数字化建设对于人才的需求。除此之外，在人员的学历以及学习能力上也存在很大的问题，因此导致整体的管理工作质量水平低下。以H市为例，如表3-1所示，城建档案管理的技术型人才（计算机类专业、档案专业或工程类专业人才）在机构中比重只占了四分之一，缺乏足够专业的技术性人才将会直接影响到数字化的进程和发展，除此之外，对于智慧化的建设，智慧城市的构建也必将会造成严重的影响。

表3-1　H市城市建设档案馆专业技术型人才统计

专业	人数	学历	总人数	比例
计算机类专业	1	大专	8	1/8
档案类专业	0	/	8	
建设工程类专业	1	本科	8	1/8
合计	2		8	1/4

二、缺乏基于智慧整合的城建档案资源体系

（一）缺乏基于智慧整合的城建档案动态关联数据资源

城建档案包含的不仅仅是建设工程相关的档案，更是城市当中各种各样的信息的集合，是城市中各类活动展开的重要基础。针对建筑方面，其反映的不仅仅是建筑的各项物理属性，还包含了城市中商业环境的信息以及其未来的发展核心和发展潜力等诸多方面的内容。因此认为城建档案管理实际上管理的就是城市中各种动态和静态的数据，是智慧城市发展过程中最基础的信息保障。因此，在进行城建档案资源体系建设中，应该注重进行基于智慧整合的城建档案动态数据关联资源体系建设。

然而，H市城建档案馆只是简单地收集建设工程纸质档案、再把纸质档案转变为电子信息资源，再简单地上传至仅供内部使用的城建档案管理

信息管理系统。从 H 市城建档案管理信息系统查询可知,目前 H 市城建档案库藏档案有 62105 卷,电子档案 30056 卷,数字化程度仅为 40.5%,城建档案管理数字化程度低。鉴于目前并没有形成良好的数据库系统,从而导致各种信息资源纷繁复杂,在查找的过程中容易出现各种各样的漏洞和错误,对于时间成本来说也是一个极大的浪费,从而导致很多更深层次的问题的发生,这种情况对于档案管理的数字化建设有着非常不利的影响。同时,电子档案只是简单地上传至城建档案信息管理系统,档案信息无法接入 H 市城市综合管理局智慧城市管理信息系统,导致城建档案不具备为大规模的云计算提供基础数据的条件,无法为智慧城市提供服务。此外,类似 GIS 地理信息数据与地图兴趣点、个体、企业数据、客流数据、LBS 位置服务数据、城市监控系统数据以及商业活动相关数据等与智慧城市相关的数据都不存在于 H 市城建档案信息管理系统,系统没有实现依托城建档案系统的城市数据融合,H 市城建档案建设缺乏基于智慧整合的城建档案动态数据关联资源体系。

（二）无执法保障,城建档案资源收集困难

"依法治国是我国的基本国策和治国方略,城建档案工作作为一项事业,必须顺应时代潮流,从过去的经济制约管理转向依法行政管理"在我国,多项法律法规当中均提出了加强对城建档案管理的法制建设要求,例如《档案法》《建设工程质量管理条例》等。加强城建档案管理的法制建设,是我国基本国策在档案管理当中的重要体现,也是未来的发展趋势之一。在 2001 年之前,H 市城建档案的管理和运行主要依靠的是工程档案保证金,正是在这样的条件下,其对于工程档案的收集以及管理起到了非常重要的作用,但是由于缺乏相关法律依据,普遍认为这是一种变相的处罚手段,违背了保证金最初制定和设立的原则,不利于法治国家和社会的建设。2001 年后,H 市城建档案馆收取取消竣工工程档案保证金。H 市城市建设档案馆作为公益一类事业单位,建馆以来未开展城建档案行政执法。2011 年 9 月 22 日,H 市住建局发文《关于将城建档案工作纳入我局正常业务办理程序的通知》(河规建〔2011〕277 号),将城建档案工作纳入市局正常业务办理程序,明确要求建设工程竣工备案必须先向本馆移交档案,并出具本馆开出的《H 市建设工程竣工档案移交书》(2011)。这种约束方式一定程度上促进了城建档案的正常开展,然而因为不具备执法权,城建档案管理长期处于被动地位,城建档案难于完整收集、归档不规范、不移交等困难现象仍然存在,公众的档案法制意识较为薄弱。

以 H 市为例,截至 2018 年底止,仍有约 100 万保证金尚未退还,这就意味着还有建设项目尚未提交竣工档案。此外,城建档案馆临时库房存放着一些竣工档案一直尚未归档入库,因为档案存在不完善、不完整现象,建设单位和施工单位丢给城建档案馆再也置之不理,而城建档案馆因不具备强制执法权,无法强制相关建设单位交齐档案,导致城建档案收集不完整。

在这样的情况下,急需一系列更加完整的法律法规来进行规范,从而对城建管理工作当中出现的违法现象更清晰的进行界定和处理。只有在完善的法律基础条件之下并且严格执法,才能真正地提升全社会对于城建档案管理工作的意识,从而能够有效地促进城建档案管理工作的健康发展,为智慧城市的建设奠定良好的信息基础。

(三)城建档案数字化建设缺乏规范标准

从 H 市城建档案馆规章制度问题汇总表可知,H 市城建档案数字化建设缺乏规范标准。一方面,H 市数字化工作虽然参照《纸质档案数字化规范》(DA/T31-2017)执行,但很多技术上或参数上并不适用于 H 市城建档案馆,城建档案馆缺少关于档案数字化、智慧化建设的具体制度、规范或者实施细则,资料文件不易于统一规范化记录;另一方面,城建档案信息管理系统是城建档案数字化、智能化的重要载体和平台,但针对 H 市目前的情况来看,其在诸多方面都需要进一步地加强。

想要实现城市档案管理数字化,其所需要具备的基础条件非常之多。城市档案数字化建设最重要的一个目的是要实现信息共享,从而能够最大限度地提升信息的利用效率,然而就目前 H 市的现状来看,数字化的水平以及程度都还没有满足相应的要求。在后续的建设过程中,还需要更进一步规范数据库,并且要打造出相应的数据信息共享平台,只有在此基础之上才能真正地实现预期的建设目标。然而由于相关制度的匮乏,导致具体建设过程中漏洞百出,对于后续的建设以及管理来说都将会造成极大的影响。除此之外,针对目前的建设现状来看,没有将城建档案数字化建设与现代先进的互联网技术充分的结合起来,因此难以真正地实现数字化建设,数字化建设的进程也将难以和互联网的发展取得同步。在此基础上必将难以追赶上智慧城市建设的进程。

（四）城建档案信息开发利用率低

"信息服务作为一项社会性的工作，是指专职信息服务机构利用机构内部的信息资源，基于用户的信息需求，通过收集、整理、组织等一系列工作，将开发加工好的信息产品以方便的形式准确传递给特定用户，为用户解决问题的服务活动"。加大城建档案信息开发利用，可以更好地助益智慧城市建设。例如，在广东珠三角城市，城市交通数据只有与城建档案信息结合起来，才能真正地起到辅助决策的功能。除此之外，通过将私人出行的数据与城建档案信息进行结合；对于私人出行来说，除了出行的路况信息需要关注之外，目的地的停车位置信息也是一个非常重要的信息，通过城建档案数据可以为停车场的规划建设提供重要帮助；还可以筛选城市当中可用的土地情况，可用土地周围的商业环境等信息，从而能够选择出最佳的地点。

智慧城市建设项目涉及面广，以本研究中的 H 市为例，其选择了 5 个重点行业并针对这些行业展开相应的建设项目，这些项目的建设需要大量的城建档案信息作为支撑。然而，由于基础信息不完善，H 市智慧城市建设项目发展参差不齐。以 H 市智慧城市建设 5 个重点行业中建设得较好的智慧交通为例，H 市智慧交通建设虽然完善了公安、城管、公路等监控体系和信息网络系统，管理部门实现了交通信息共享、公路交通状况的实时监控及动态管理，然而，由于没有充分获取城建基础信息，缺乏对城建档案信息的开发与利用，对城市建筑物和道路信息的信息提取不够准确、全面，打开 H 通手机 APP 公交车信息查询界面可以发现，公交车的实时查询效果不佳，不但无法预测其到站的时间也无法看到路况，只是简单地告诉群众还有多少个站到站。这种智慧交通效果比较有限，和广州、深圳等城市的智慧交通效果相比还有一定距离，在预测功能以及方便私人出行方面还有待提高，城建档案信息在智慧城市建设中的开发利用率比较低。

三、缺乏基于智慧服务的城建档案服务体系

（一）智能化程度低

2012 年 11 月，广州市城建档案馆无偿为 H 市城建档案馆提供、安装城建档案信息系统管理软件，其中包括规划档案管理信息系统、建设工程档案管理信息系统、Web档案检索系统3个子系统,对H市城建档案馆全体人员进行业务操作培训,讲解城建档案的分类、档案信息的整理与著录、扫描、装订、数据备份与上传等内容。自此,H市城建档案管理信息系统基本建立,并正式开始投入使用,开展城建档案信息化建设。经过五年的发展,基本保证了近年来新进馆城建档案数字化管理,然而由于H市城市建设档案馆的系统始终无法对接H市城建档案馆单机版老系统的档案信息目录,馆藏档案数量庞大,重新著录需要花费大量的人力、财力,因此新老系统对接问题一直没有得到解决,馆藏城建档案也一直未能实现数字化。

为了解决这一困境,2017年3月,H市城建档案馆使用了H市景润科技有限公司开发的城建档案信息管理系统,实现了城建档案单机版老系统、广州版城建档案信息管理系统与新系统的对接,结束了多个系统同时使用的困境。

然而,更换新系统后也面临许多问题:一是系统不稳定,许多界面需要完善,如查询界面输入法往往要半角状态下才能正常查询、专业信息界面不完善、竣工档案项目级界面未设置,系统利用不方便、界面不完善,与智能化存在距离;二是自更换新系统后,精力大多放在系统完善、新老系统信息对接完善上,库藏档案数字化建设进程缓慢,由于管理信息系统信息不全面,档案查阅无法全面实现智能化;三是系统在地下管线管理上,不够直观,无法全面直观采集全市供水、排水、燃气、热力、电力、电信等大类的管线数据,地下管线"家底"难于摸清,与智能型采集、处理和存储城建档案信息还有差距,无法为群众提供智能的查询、检索和利用,城建档案智能化服务建设与智慧城市建设还存在较大差距。

(二)协同性程度低

城建档案协同性主要包括以下内容:一是政府、企业、社会团体以及事业单位等部门需要相互沟通相互关联;二是各省、自治区、市以及乡镇之间需要相互配合,最终达到大范围相互沟通共同发展的目的;三是城建档案信息服务系统中的档案信息需要相互连接,其中主要包括信息的相连、存储计算机中的机相连、用户与服务人员之间的相互连接,以及人和档案之间的相互连接等等,通过这种连接的方式能够更加有效地加强信息服务系统当中不同区域、不同方面的协同合作。在我国各个城市当中的档案馆中,具备了大量有用的信息资源,但是这些资源结构分散,存储方式也存在较大的差异,因此总体来说形成了多个独立的资源孤岛,再加上相关政策和法规的不健全,当中信息资源共享难以实现。在这样的情况下,地区之间、行业之间,甚至是部门之间都存在着非常严重信息壁垒。以H市为例,自2014年开展智慧城市建设试点以来,H市城建档案馆虽然非常重视城建档案数字化、信息化建设,努力往智慧城建档案馆靠拢,但是市内各城建档案馆间、各部门间的档案信息资源共享无法实现,城建档案信息联动差、协同性程度低。

可见,在融入智慧城市建设中,市城建档案馆与县区城建档案部门、局机关业务科室、政府、房产、民政等部门均未建立城建档案协同服务机制,也就导致出现以下非智能化、非智慧化的城建档案服务;城建档案利用者在本区域档案馆查询城建档案信息,而所需档案在本市其他城建档案馆时,无法采用跨馆查询的方式获得档案证明;档案利用者无法所属区域的街道社区事务受理服务中心办理查档证明;群众无法在民政、房产、计生等涉民的办事中心一步到位实现档案查询、补证等相关事务。协同性程度低的城建档案管理无法满足智慧城市建设的需求。

(三)多元化服务欠缺

"城建档案馆是公共服务部门,城建档案工作者是服务人员,我们对服务的认识,不能停留在调阅利用就是服务的层次上"。随着大数据时代的到来、城市的迅猛发展、群众法制意识的不断增强,群众对城建档案多元化服务需求不断提高,希望除了可以到馆实地查阅档案,往往还希望被提供声像档案服务、档案编研服务和档案展览服务等多元化服务。然而,H市城建档案馆缺乏多元化服务意识,除了提供传统的到馆实地查阅城建档案服务外,未曾为群众提供档案编研服务、档案展览服务、声像档案查阅服务等相关档案信息服务。以到馆实地查阅为例,其服务方式也还是传统的、被动的,到馆查阅档案需要填写《查阅登记表》,城建档案查阅制度因未在网站发布、群众不清楚查档需要携带的材料,往往经常发生档案利用者来回跑好几趟的情况,加大了档案利用者的办事难度。此外,因为未开展档案编研、档案展览、声像档案查阅和网上查阅城建档案信息等服务,利用档案网站和移动终端开展档案服务的能力较差,主动服务意识淡薄,城建档案信息的共研、共享难于实现,城建档案难于创造更高的经济价值和社会效益,城建档案智慧化服务无法实现。

第三节 城市建设档案管理服务于数字化建设的对策

作为为智慧城市建设提供城市重要基础信息的城建档案管理部门,必须适应智慧城市的系统化、全面联动要求,加快推进智慧城市下新型城建档案管理体系建设,从以下几个方面着手解决好智慧城市建设与城建档案管理的矛盾,走出城建档案管理的困境,实现城建档案管理智慧化,推动智慧城市建设。

一、构建基于智慧管理的城建档案管理模式

(一)树立城建档案智慧管理理念

在智慧城市的建设过程中,最重要的一个理念就是以人为本。无论是在城市规划还是城市信息化、智能化的建设中,通过收集和运用市民各种各样的活动信息,可以促进城市整体功能的升级和发展。与此同时,以人为本也是智慧城市建设的根本以及智慧所在。对于城建档案管理来说,如何才能依据自身条件更进一步地为智慧城市的建设产生作用,这不仅仅需要能够有效地预测未来城市发展的主要方向以及主要路径,与此同时,还需要认清城市建设的信息禀赋,从而能够从微观层面上更好地进行城建规划。想要实现这个功能,就必须要求能够依据当前的历史数据对未来进行预测,进而能够根据当前的现状以及未来可能形成的状态不断地进行优化以及调整。在智慧城市建设的进程当中,城市档案管理面临着很多前所未有的挑战以及机遇,但是由于当前城市经济以及其他诸多方面的影响,城建档案管理模式落后。因此首先要做的就是要从理念上不断地进行创新,通过创新管理思路,在具体管理过程中应用新的办法,摒弃陈旧、落后的理念,意识到这个工作对于城市发展以及自身发展的重要性以及特殊性,从而做到顺应时代发展的潮流,更进一步的提升城建档案管理的质量水平。在当下的形势之下,城建档案管理的工作人员还需要积极地审视自身,从思维上进行创新,敢于发现工作当中存在的问题,积极对管理模式进行创新和发展。具体可以从以下方面创新城建档案管理理念:

第一,树立提升公共服务质量理念。城建档案管理新模式根本任务就

是服务于城市管理的优化,要通过全方位的信息采集以及数字化管理,从而才能为智慧城市的建设提供强有力的数据基础。依托于城市建设以及城市规划,将城建档案应用在公共服务质量的提升上面,从而更好地推动智慧城市的建设。

第二,要树立起精细化管理的理念。通过对在智慧城市建设过程当中的商业活动、城市配套等诸多信息实行更深层次的结合,利用起城市档案管理新型模式的信息优势,从而实现精细化管理。在这种管理模式之下,有利于提升城市整体的管理水平,从而能够对智慧城市的建设起到良好的推动作用。

第三,树立起城市配套服务的观念。实现城市配套服务智能化建设是城市建设与发展过程中的重要组成部分,在城建档案管理的新模式之下,能够为城市配套服务的规划提供有效的数据基础,从而帮助相关的部门进行判断和决策,在此基础上,有利于提升决策的科学性以及合理性,从而增强配套服务的智能化程度。①

(二)科学规划和推进城建档案智慧法规体系建设

在新时代背景之下,城建档案部门必须紧紧跟上法治国家建设的进程,确保科学规划和推进城建档案法规体系建设,坚持把依法治理作为城建档案治理的基本方略,自觉运用法治思维和法治方式推进城建档案事务管理,不断提高城建档案治理能力和治理水平,加强城建档案立法,将城建档案法规的制定和基本城建档案业务发展结合起来,做到事前、事中事后的科学、有效监管,推动档案事业在法治的轨道上发展。无论是国家层面还是地方城建档案馆,都缺乏智慧城建档案馆建设的相关法律法规。为此,首先需要做的是制定和推进关于智慧城建档案馆建设的有力的、系统的、全面的政策、规划和顶层设计。在国家层面,可以由国家城建档案局为牵头单位,与其他相关单位共同合作制定发布,内容上要基于城建档案管理和城建档案馆建设,扩展到与城建档案智慧化建设相关的技术政策,以及信息、网络、通信、等方面的管理规定与安全规定等。在地方层面,一是地方政府在做智慧城市总体规划时,要将城建档案智慧化建设纳入其中;二是地方政府和地方档案管理部门要严格贯彻执行国家政策法规,并

①智慧城市发展研究课题组,"十三五"我国智慧城市"转型创新"发展的路径研究[J].
电子政务,2016(3):2-11.

在此基础上结合地方实际与特色制定相应的政策法规。这一系列的政策法规也要在建设智慧城市的实践中,逐步制定发布,以更有针对性地引领城建档案智慧化建设,保证城建档案智慧化建设质量,从而能发挥最大效用。同时,建立一套与国际标准兼容、国家标准统一的行业标准也尤其重要。标准体系是实现城建档案数据资源共享的关键,城建档案界应参考智慧城市建设的标准体系制定自身的标准体系,推进城建档案数据采集、交换接口、访问接口、数据质量、安全保密、数据开放等关键共性标准的制定和实施,开展标准验证和应用试点示范,以便不同地方、不同单位对档案资源的获取和利用。建立智慧城建档案馆技术应用标准与规范体系是智慧档案馆建设的重要保障。因此,H市城建档案馆一方面需要在大力完善城建档案数字化、智慧化建设相关制度规定、档案服务外包、城建档案管理信息系统相关政策、制度、实施细则的建设,城建档案界可以建立一套与国际标准兼容、国家标准统一的行业标准,如《H市纸质档案数字化技术规范》《H市城建档案管理信息系统管理规定》《H市智慧城建档案馆建设指南》《H市智慧城建档案馆档案数据互联规范》《H市智慧档案馆建设工程档案接收要求与管理规定》等。另一方面要明确自身定位,结合当地实际而制定适合自身的城建档案智慧化法规建设规划。

(三)建设智慧型档案专业人才队伍

事业发展需要人才的支撑,人才是城建档案管理的核心。城市档案管理的工作任务十分繁重,如果队伍的专业性以及政治素养达不到相应的要求,那么档案管理的工作质量将很难有保障。人才是任何一项事业发展最基本也是最重要的依靠。因此针对档案管理来说,必须根据自身的特点建立起专业的人才队伍,并且通过多种手段增强人才工作的积极性,持续提升人才队伍的整体素质,实现档案管理的专业化,这也将是提升档案管理专业化以及现代化水平最重要的一个手段之一。因此作为档案管理相关的政府部门,必须充分地认识到这一点,深刻体会人才培养对于未来我国档案管理工作推进的重要性,根据自身特点制定出具有针对性的措施,持续提升人才队伍专业素养。基于此,笔者认为可以从以下几个方面展开人才培养和提升工作。

一是要在部门内部建立起良好的激励机制。在良好的激励机制的条件之下,能够有利于组织吸引更多的创新型人才。激励机制应用的目标主要是通过满足人员在物质上以及精神上的各种需求,调动起他们的工作积极性,为城建档案工作带来更多生机与活力,最大限度地激励城建档案工作人员积极投入到智慧城建档案馆的建设当中去,在建设的过程中充分地发挥出自身的创新意识以及技术能力,从而激励人员成长,实现人才的累计,为城建档案管理服务于智慧城市建设提供更多的帮助。

二是要与教育资源呈现出良好的互补性。针对这方面,要进一步展开多种渠道的针对工作人员能力再培养和再教育的工作,充分利用智慧城市建设过程中出现的各种新兴资源,通过各种资源的整合实现继续教育,从而能够全方位、立体地对工作人员各方面的能力实现提升和发展。

三是注重培训与人才引进之间的交流性。具体来说,就是在基于需求的基础上,采取政策激励、跨界合作等多种方式建立起良好的人才制度,从而能够在社会中形成良好的吸引力,进而能够更进一步的吸引社会当中优秀人才、创新人才,从而进一步加强人才队伍建设。

四是把握好能力培养的多元化。通过多种方式,如政策引导,进一步促进档案管理工作人员与外界的交流和沟通,通过参观学习、现场交流等多种多样的方式,开阔工作人员的视野,及时了解并掌握社会中存在的各类新型的技术和知识,与此同时,还能进一步提升自身应用信息技术的能力,提升实践能力,从而实现整体人队伍的实力提升。

五是要不断地推进成长环境的网络化。例如,相关部门可以采取"互联网+城建档案人才"行动计划,通过全媒体信息和技术共享形式,构建档案人才队伍建设的自我成长、培育引进、互动提高的在线模式,发挥"互联网+"的倍增效应,快速提升档案信息化人才队伍的整体能力和水平。

二、构建基于智慧整合的城建档案资源体系

(一)加大资金投入,引进智慧软硬件设施

想要实现智慧城市的最终目标,良好的软件设施以及硬件设施是最基本也是最重要的保障之一。针对智慧城市建设中档案管理工作来说,也必须充分推进各项软硬件建设工作的实施。在此基础之上,使得不同地区之间的档案管理可以为经济建设提供更好的保障。具体来说,在具体的建设过程中需要更进一步加大资金的投入,从而能够为档案工作人员创造出更加良好的工作环境,与此同时,通过更多资金的投入,能够使得相关的设

施更加完善。针对档案管理工作来说，想要实现档案更好地保存，环境方面必须具有良好的监控能力，不能出现由于环境的原因造成档案管理受到影响。除此之外还需要考虑人员的工作环境，良好的工作环境有利于提升人员的工作积极性。同时为了能够让工作人员更好地保持身心健康，应当要尽可能地避免在内部环境当中出现对于人员身体健康、精神健康等不利的因素，从而能够确保人员的健康安全，进而实现更好的档案管理。

另外，要加大感知设备的投入力度。例如，智慧城建档案馆的实现主要通过传感器、RFID、二维码、监控摄像、录音设备、电脑、智能终端等感知设备，对智慧档案馆中需要感知的档案库房信息、实体档案信息、数字档案信息和查阅利用信息等各项档案信息进行多层次、多维度的感知，最后再通过网络传输到数据层并进行云计算分析。因此，需要我们加大资金投入，引进传感器、RFID、二维码、监控摄像、录音设备、电脑、智能终端等感知设备，从而为城建档案智慧化建设的实现提供保障。

针对硬件设施方面，不仅仅要在计算机、扫描仪、除湿机等设备方面加大投入，同时还需要考虑如何才能更好地提升这些设备的智能化程度，从而使得整个档案管理工作实现更高的智能化和数字化，进而使得管理的效率以及质量得到有效的提升。因此作为档案管理部门来说，要不断针对基础设施进行完善，同时还需要根据自身的条件以及客观需要购买、配置更加智能和高端的设备，从而让智能化的设备代替人来做更多的重复、单一的工作。在这种情况之下不仅仅能够有效地提升工作效率，同时还能节省大量的人力资源，促进城建档案管理工作的数字化发展。

（二）明确执法确保城建档案信息资源智慧收集

智慧城市建设进程中最重要的一项基础信息就是城建档案信息资源，如果没有足够的信息资源，那么城建档案馆本身也就没有了存在的意义。然而，由上述调查可知，传统的收集手段和方法难以保障城建档案信息资源完整、全面收集，城建档案信息资源收集"心有余而力不足"，亟须引入城建档案行政执法工作，从而才能够更好地为资源收集提供保障。针对这方面，如何才能有效地将城建档案执法工作融入整个管理当中的流程去，这是目前需要重点考虑的一个问题。随着我国颁布了新的《档案法》，档案行政管理部门取得了行政执法的资格，成了得到法律授权的一个大部门。城建档案作为档案当中的一种重要门类，其在法制建设方面也随之得到了更加深入的发展,但在具体的实施过程中还要注重以下几个问题:首先来说,要进一步明确城建档案行政执法的含义,以及其在执法过程中的依据和程序。除此之外,行政执法手段是行政执法部门在执法过程当中的一种重要保障,也是实际执法过程中的主要条件以及办法,同时这也是档案管理工作发展到今天的客观需求,是未来城建档案管理必然的一个趋势。

在具体执行上,H市城建档案馆由于不具备行政执法主体资格,执法工作一直未得以开展。H市城建档案馆可以从以下方面完善执行城建档案执法。

一是确认档案执法主体。《档案执法监督检查工作暂行规定》(1992年3月30日国家档案局令第4号发布)指出:"国家档案局和县级以上档案行政管理部门是国家贯彻并监执行档案法的机关,依法行使档案执法监督检查权,并依法对违反档案法规的行为进行查处。"根据法律法规以及相关的规章制度,档案行政管理部门成了执法主体。显然,档案执法主体的资格是根据国家法规所确定的。与此同时,根据我国《城市建设档案管理暂行规定》(中华人民共和国建设部令第9号)规定:"城建档案馆是人民政府所属的科学技术事业单位,由各主管城市建设的部门直接领导。城建档案馆是保管城市重要城建档案的基地,并兼有政府职能部门的性质。"也就是说,城建档案馆作为兼有政府职能的部门,在获得档案行政管理部门的委托或者相关法律授权的前提之下,城建档案部门可以依法行使档案执法权。在获得执法授权之后,相关的执法人员必须进一步提升自身的执法能力以及互相之间的协同工作能力,只有在这样的基础上才能更好地完成相关的执法工作。除此之外还需要加大宣传力度,认真学习相关执法专业知识,加快实现健全执法措施、完善执法工作的目的。

二是要将执法工作进行前置。通过对事后处罚进行研究可以发现,这并不能对档案损毁以及丢失等问题进行解决,因此档案执法工作必须提前介入,主要以指导以及监督的形式展开,只有这样才能真正有效地保障城建档案的移交。

三是要明确执法过程当中的重点。在针对建设工程的档案进行检查的过程中,要抓住项目当中的重点环节,在管辖范围之内尽可能地选取重要的节点进行检查,除此之外,相关的人员要主动到施工现场执行相应的检查,在检查完成之后要及时整理相应的记录,具体过程中可以采取打分的方式进行评价和评比。针对检查过程中发现的问题要及时发出监督意见书,对于表现优异的单位要及时进行表扬。与此同时,在检查的过程中要注重对相关法规的宣传,并且深入了解建设单位的具体想法,从而能够及时对自身的工作进行改进。在检查完成之后,要在全市范围之后公开检查的结果,把这种制度变成一种对于建设单位的鼓励和鞭策。

四是进一步加强不同部门之间的协同配合。针对不同的部门,要定期召开工作例会或者针对某些具体的问题召开研讨会,从而能够统一进行工作布置,有利于后期协调工作的展开,除此之外,还要建立起长效的违法监督机制,一旦发现相关的违法行为,要通过各个部门之间进行协同处理,形成一种执法联动,从而起到更好地监督和教育效果。

总之,城建档案执法工作任重而道远,除了需要不断地完善各项法律法规,还需要根据自身特色,建立起有针对性的城建档案执法体系,从而为城建档案完整、顺利收集提供保障,为智慧城市建设提供完善、全面的信息基础。

(三)利用大数据云平台驱动城建档案资源数字化建设

在不同的地区之间,由于城建档案的管理处于比较分散的状态,因此难免会出现信息不对称或者不全面的情况,这种情况的出现将会对数据库的建立造成非常严重的影响,因此还必须针对这个问题进行解决,通过利用大数据平台来实现城建档案资源数字化的目的。

一方面,要根据自身特点开发出具有更多功能的管理系统,在现有的基本功能的基础之上进一步结合大数据技术以及物联网技术。除此之外,还可以使用RFID等新型的识别技术对档案进行定位和监控,从而更进一步提升档案管理的数字化以及智能化水平。

另一方面,城建档案管理部门可以充分利用现有的智慧城市建设标准化协作平台,形成一体化的、应用性强的标准与规范体系。积极加入智慧城市信息资源标准和规范体系建设的制定过程,不断完善档案信息化建设的标准和规范。然而,在现实操作中,智慧城市建设中各类标准和规范参差不齐,标准不一,与智慧城市建设相适应的城建档案信息化建设标准和规范尚没有形成。标准和规范各异,使得智慧城市建设过程中各类数据之不能实现兼容。自开展数字化、信息化建设以来,国家相继出台了数字档案管理相关标准与规范,如《CAD电子文件光盘存储、归档与档案管理要求》(GB/T17678.1-1999)、《电子文件归档光盘技术要求和应用规范》(DA/T38-2008)、《电子文件归档与电子档案管理规范》(GBT18894-2016)、《档案关系型数据库转换为XML文件的技术规范》(DA/TS7-2014)和《电子档案管理基本术语》(DA/T58-2014)、《照片类电子档案元数据方案》(DAT54-2014)、《质档案数字化规范》(DAT31-2017)等。这些标准与规范是开展智慧城市档案管理云平台体系建设的基础。

以本研究中的H市为例,其可以根据地方电子政务建设的总格局来进行相关的工作,在此基础之上提出信息化建设的主要战略目标,从而进一步建立起配套的数字化档案馆。在具体的建设过程中主要包含以下几个方面的重点:建立起一个电子文件中心,其应当具有相应的监护功能,从而建立起核心数据库,数据库的建立在整个数字化建设过程中应当占据核心和基础的地位;建立起一个有效的平台,能够有效地服务于数字化档案馆的建设;进一步健全信息化标准体系以及网络安全体系,从而能够确保档案信息的安全性能;稳步加强档案的数字化建设,在接受工程档案时重点考虑接受电子化文件,不断扩充和丰富数据库。除上述这些重点建设项目之外,还需要进一步推进"网上办事"的进程,更进一步的推进信息公开化的进程,在网络上增加查询和浏览的功能,从而增强效率。通过推进档案管理的数字化进程,逐步实现城建档案管理的信息化程度不断提升,在市内形成完善的信息化体系,整体提升城建档案管理的水平,进而能够更好地为H市未来城市建设和发展提供相应的数据和信息服务,为"智慧H"的战略目标提供强有力的数据信息基础。

(四)加大城建档案信息开发力度

"智慧城市建设背景下的档案信息资源已经被赋予了更多更新更高的要求和希望,需要档案部门加大档案信息开发力度,提高档案信息服务质量与时效,使档案信息更好为民众提供服务。"加大城建档案信息开发利用力度,可以更好地为领导决策、政策研究、依法行政、权益维护等提供参考和依据,进一步满足社会对城建档案利用的多元化需求,更好地为经济社会发展提供服务。城建档案管理部门收集、保存和管理城建档案的目的是为公众提供服务,因此对城建档案资源进行档案信息开发是城建档案管理部门的一项重要使命。城建档案含有大量的信息资源,与实际工作具有密切的联系,我们可以从以下方面进行城建档案信息开发,从而实现对城建档案进行多层次、多角度的深加工目的,为公众提供更多优质服务,促使城建档案信息资源的价值得到最大限度的发挥。

一是开展城建档案编研工作。城建档案工作人员在工作过程中通过对原始的、繁杂的城建档案信息进行精心提炼、归纳总结,并将之以内部参考资料或期刊、报纸等出版物的形式编撰成编研成果供相关人员与公众使用,有效地节省档案利用者的时间,提高了档案的利用效益,最大限度地实现档案服务效益最大化。同时,城建档案管理部门根据工作的需求编研一些资料,如可以编研《城建大事记》《基础数字汇编》《城建档案》等编研材料,从而更好地体现城建档案的影响力和价值,更好地宣传城市建设和城建档案工作,打造城市名片,提高城市影响力。这也是在提供主动服务、超前服务上下功夫的一种方式。

二是进行档案信息资源整合,加强城建档案查阅室的服务功能。利用查阅室为档案利用者提供查阅利用服务是档案查阅利用最为传统方式,也是城市档案服务最基本的一项工作。同时,大力开发城建档案信息资源,以使用优先、保护优先、特色优先为原则,按照城建档案数字化计划,分批分期将城建档案进行数字化加工,建立城建档案信息数据库并开展查阅利用,如市政工程档案、重要历史档案、重点工程档案、民用建筑档案、地下管线档案等高频率利用的档案。"档案信息资源整合包含传统式和数字式两方面的整合内容"。充分运用计算机技术进行城建档案信息资源管理,开展档案信息资源数字化、信息建设,进而对档案信息资源进行集中管理,实现城建档案信息服务效益最大化。在进行城建档案信息资源数字化加工的同时,应围绕相联系的主题,对同一项目、同一个地址的分散档案进行信息资源集中,以全宗为单位,集中、全面反映某一项目或某一区域的基本信息,从而实现档案信息资源整合。这种整合可以更加提高开发利用档案信息资源的水平,并可为将来建立智慧化城建档案馆打好基础。

三是结合政务信息公开工作,加大档案开放力度,如开展城建档案展览、开发城建档案网站和开通域建档案网页查询端口等主流媒体或社交软件来为城建使用者提供城建档案信息服务。随着我国城镇化的进程,城建档案查阅利用的范围、对象和方式都呈多元化方向发展。因此,在坚持开展现行城建档案查阅利用工作的基础上,还要加大城建档案的开放力度,做好依法依规、分期分批向公众开放档案信息相关工作。严格执行《档案法》，及时向社会开放符合信息公开条件的城建档案。正确处理好城建档案开放与保密工作的关系，制定科学的、可行的有关档案开放、保密的制度。城建档案工作者应当着重培养科学管理档案的能力，并形成阅读和解析档案文本的能力和习惯。取之精华，去其糟粕，积极吸取国内外关于档案工作的成熟经验和做法，配齐具备专业素养和政治素养的专职人员，做好解读城建档案材料和文献的工作，把好政务信息公开关，优化信息公开服务。

三、构建基于智慧服务的城建档案服务体系

（一）采用正反馈闭环管理系统（PFS），建立用户反馈机制

在一套科学完善的管理模式之下，能够使得城建档案发挥出更大的价值和作用，从而能够提升档案资源的应用价值。在自然科学以及社会科学不断的发展过程中形成了一种新的理论和方法，即正反馈闭环管理系统理论，这实际上就是将闭环控制这种理论引入到了管理过程中去，从而形成一个具有一定约束能力和激励能力的闭环。因此为了能够更进一步的提升城建档案管理的整体质量水平，可以通过引入这种新的理论来对城建档案进行管理。

首先，通过将正反馈引入到档案管理当中，能够将以前的开放式管理转变成为一种闭环管理系统，具体如图3-6所示。

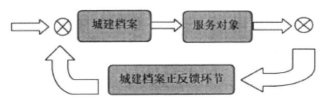

图3-6 PFS管理模式流程

第二，分析城建档案管理与服务中的问题。首先，收集资料，确定问题所在：通过发放调查问卷的方式，充分了解档案使用者在具体的使用过程中遇到的各种各样的问题，除此之外，还能够了解这些人员对于档案的具体要求，以及对当下服务质量的看法，还有对于目前现状的一些意见和建议。通过这种方式能够有效、及时了解档案使用者的具体需求，对于更进一步提升信息化建设有着重要的指导作用。在此基础上进行分析总结：组织相应的人员对于调查所获取的信息进行分析处理，统计其中的具体内

容,对于提出不满意的资料进行深入的分析,对这些不满意情况按照相应的原则进行分类,总结出不同类别的不满意的根本原因。

第三,反馈整改。根据上一步当中的统计结果,计算和分析当下不满意的数量以及主要的问题和原因所在,每年定期举办相应的讨论会,针对发生的问题进行横向和纵向的分析比较,并且与上一年的结果进行分析对比。对于存在的技术问题要及时请专门的专家和学者进行讨论分析,提升问题解决的策略。针对满意的方面要及时对相关的人员进行表扬,从而对他们形成一种鼓励,提升接下来工作的积极性。在反馈讨论的过程中,要鼓励大家积极发言,说出自己的看法,从而能够更好地发现存在问题的原因,并且制定出更加有效的改进措施。

第四,追踪整改的有效性。在措施制定以及实施之后,要定期进行回访与比较,针对已经达到了预期整改目标的问题,可以将其转变成为常规反馈,对于没有得到有效解决的问题还需要更进一步的调查和研究具体原因所在,进而修订改正措施,直到达到整改的目标为止。在这样的基础上能够形成一种发现问题、解决问题的闭环管理体系。

第五,针对最终效果进行评价。通过自制满意度调查问卷对档案的使用者进行满意度调查,每年根据调查结果计算出平均分并且进行横向比较。在调查表当中应当包含两个方面的内容,即软件自身的改善以及对日常工作的影响,整体采用四级评分制度,满分为100份。最终得分越高则说明满意程度越高。效果评价过程中的数据采用SPSS软件进行处理。

城建档案服务满意度能够从整体上表现出档案的使用者对于服务的具体感受,可以评价城建档案管理部门执行各项具体工作过程中的合理性以及科学性,是最终衡量其服务质量水平最重要的一个指标之一,也是城建档案馆发展过程中的重要参考。通过采用正反馈闭环管理系统,能够有效地建立起一种用户反馈机制,从而能够不断地修正系统,实现效率以及效益的提升,使系统能够持续得到改善,进而能够促进城建档案在智慧城市建设中良性发展。

(二)构建基于服务链的城建档案管理一站式服务

"21世纪知识经济时代、数字化环境和信息化背景下城建档案管理与服务最佳实践的发展方向是城建文件档案信息资源集成管理与集成服务。"因此,在融入智慧城市建设中,构建基于服务链的城建档案管理一站式服务,从而在城建档案部门之间、业务科室、政府、房管、民政等部门之间建立城建档案协同服务机制,对实现智能化、智慧化的城建档案至关重要。这也是城建档案集成管理理论的实践。作为政府部门来说,其最基本也最重要的一个职能就是服务公众,政务所有的工作都应该围绕这个目标展开,同样作为一个政府部门的城建档案馆,其也必须遵守这个基本目的。同时也只有始终坚持这个目标,才能在满足公众对于档案信息的需求的同时能够在社会中塑造出良好的形象。作为城建档案馆来说,想要实现这个目的就必须建设良好的系统以及工作流程,从而能够避免由于考虑不周等因素导致顾此失彼,进而实现管理应用系统能够在实际工作过程中发挥出最大的效力。因此笔者认为城建档案部门可以根据这个需求在管理过程中引入"服务链"的理论,对自身管理模式进行进一步升级。

具体来说,笔者认为在"服务链"的模式之下整个服务过程可以划分为以下几个阶段:第一阶段是提供一些基本信息,例如项目信息、政策指导、政务信息等等;第二阶段是为建设单位以及施工单位提供指导、验收以及上传电子档案等相关的服务;第三阶段是为相关部门提供在线指导、在线审核以及在线验收等相关的服务;第四阶段是为公众提供方便快捷的查询和使用服务;第五阶段是档案馆内部需要持续对自身的馆藏资料进行统计和分析,从而才能够为政府决策提供科学、准确的决策依据。笔者认为通过将这几个阶段充分的结合起来,形成一条完整的服务链,在这样的情况下才能为所有城建档案馆的用户提供全方位的、方便地和快捷的服务,从而也进一步加强城建档案管理的系统性。

(三)做好城建档案服务于智慧城市建设的顶层设计

在智慧城市的建设过程中,如果缺乏顶层设计指导,那么在实际建设的过程中必然会遇到诸多问题,例如各自为政、信息孤岛等等,这些对于城市信息化建设都将会造成严重的影响。城建档案在整个智慧城市建设过程中处于重要的地位,将其纳入顶层设计中是十分重要的,也是未来发展的必然趋势。具体来说,笔者认为我们应该着重从以下方面做好城建档案服务于智慧城市的顶层设计。

第一,要做好系统的物理构建,城建档案服务系统在智慧城市建设中有着巨大而突出的作用,其服务作用的设计应当以满足用户需求为最基本的前提,并在此基础上,重点突出人性化、系统化、智能化的特点,建立起智慧的城建服务体系,从而能够为用户带来更大的便利和更多的价值。在建设过程中,要充分地将现有的信息平台进行整合,将系统当中所涉及的人与人、人和物等多方面的联系整合起来,为后续的进一步互通做好基础准备。再具体搭建过程中,可以从系统可行性分析、需求分析、系统设计原则等诸多方面进行出发,进而实现良好的系统物理构建。

第二,进行系统功能的构建。在针对系统功能进行设计的过程中,首先要保证有足够的技术实力以及安全能力作为保障。整个智慧城市系统是以目前社会经济生活中的基础信息作为依据,通过不同部门之间的协同工作实现智能控制,将城市工业的发展与社会生活的方方面面联合起来,形成一个智能化的城市,这也是实现智慧地球建设的基础阶段。通过对智慧城市的主要功能进行分析可以看出,与数字城市相比,智慧城市显而易见更加高级、更加先进,它的先进性主要体现在智慧城市的智能化程度方面。想要在职能档案馆的基础上实现档案的智能化服务,必须联合使用物联网技术(Internet of Things)、云计算技术(Cloud Computing)、大数据技术(Big Data)、智慧城建档案服务系统技术构建等。从信息管理与应用的角度来看,智慧档案服务管理系统具有极高的信息集成性能,其在组织领导以及法律法规的规范下简称,能够严格执行国家保密制度,完善档案信息公开发布保密审查程序;建立档案数据安全管理制度,保障安全高效可行应用;加强档案信息资源在公开共享等环节的安全评估与保护;加强对涉密信息系统、涉密计算机和涉密载体管理,强化涉密人员保密意识;建立健全人防、物防、技防"三位一体"的档案安全防范体系。

正是由于物联网、大数据以及云计算等新兴智能技术的出现,使得传统的档案管理工作迎来了革命性的转变,在这种新的机遇之下,构建出智能化程度更高的档案管理系统不仅仅对于档案管理工作本身有着极为重要的意义,更重要的是其在智慧城市的建设过程中也将会产生意义深远的指导作用。

四、建立新型智慧城市背景下的城建档案管理工作

(一)强化电子文件的采集工作,丰富城建档案管理信息化内容

在新形势下城建档案信息化建设中,其电子文件主要包括电子文件显示工具、电子文件承载工具、修改的电子计算机应用平台、电子文件详细

内容。其中,在构建城建档案电子信息化系统的时候,应不断加大采集和总结各类电子文件的力度,以确保城建档案从以往的纸质档案向数据化资料转变。同时,借助对城建档案电子应用系统进行全面维护,这对现代城建档案数据资料安全性的提高极为有利,以保证城建档案资料管理系统运行的健康性和稳定性,从而将城建档案的利用效率提高。除此之外,立足于现阶段城建档案信息化数据储存和查阅取材过程中存在的各种问题,需要确保城建档案电子文件的可理解性、可实用性和可存取性。对城建档案电子保存的标准化格式进行制定,保证城建档案信息的采集和总结可以和所制定的内容与标准相符,以便于城建档案资料和数据信息的资源共享全面实现,从根本上把现代城建档案电子资料的利用空间拓宽。就城建电子文件收集的内容,应该严格遵循国家制定的相关要求,对城建档案文件做好备份,有效避免城建档案信息化管理中发生误差,从而对城建档案的利用造成影响。

(二)构建城建档案数字化管理的标准规范

实现城建档案馆际共享的前提是不同的城建档案馆在数字化建设的过程中都遵循着同一套标准,因此推动城建档案的数字化管理就必须进行数字化标准规范的构建工作。

第一,建立信息化标准体系。通过信息化标准体系将城建档案的采集、整理、安全保障、管理等各个环节纳入其中,从而构建起数字化城建档案的统一格式标准。

第二,建立城建档案数字化管理规范。通过数字化管理规范将数字化城建档案的接收、管理细则进行明确的规定,为城建档案的管理和共享奠定基础。将在纸质城建档案进行数字化扫描时所采用的格式、大小、命名规范等进行统一的规定,从而为后期的汇总和管理提供便利。

(三)强化档案信息安全管理

现代信息技术的广泛使用是给城建档案管理工作提供了便利条件,但是在一定程度上也带来了很多安全隐患。因此,还要重视对其进行安全管理。有关单位可以聘请专业技术人员建立一套完善的防盗系统,并积极应用现代信息安全技术,例如在档案室门口设置身份认证系统,或者是增加密码防盗门等,以提升城建档案管理工作的安全性,防止信息系统被人恶意损坏或盗取。此外,档案管理人员要做好日常的巡视、整理工作,进行定期检查,一旦发现问题要第一时间上报。

(四)加强城建档案管理信息化建设的水平

发达的网络信息技术为城建档案的信息化建设提供了有力的支撑,因此城建档案管理人员应当积极进行信息化的运用,推动档案管理水平的不断提升。这就要求城建档案馆人员必须转变自身的思想观念,将数字化作为指导,运用新的技术以及设备对传统的纸质档案管理进行改进,推动档案管理更加健全,服务水平更上新台阶。应当构建网络信息平台,推动远程跨馆查档办事的有力进行。各个地区的城建档案馆应当做好信息化平台的构建,推动自身与其他地区城建档案馆的有机联合,使得档案信息能够实现共享,为人民更高效地进行档案信息运用提供基础,并迎合"最多跑一趟"的改革理念。比如,杭州市城建档案馆查档窗口就积极进行了改革和示范,推动了网上查档、异地查档的发展。在杭州市城建档案馆,一位先生着急进行档案查询,他在滨江买了二手房,着急装修想要调研房屋建筑的结构图纸,正准备再跑一趟滨江的时候,该档案馆的负责人拦住了这位先生,并为其讲解远程跨馆查档的内容,然后依据具体的程序几分钟便将先生需要的信息调了出来,同时结构图上盖了滨江区城建档案馆的章,解决这位先生的燃眉之急。这不仅方便了这位先生,同时也是方便了人民大众,不仅能够提升城建档案运用的效率,而且能够推动档案馆人员服务水平的全面提升。

(五)创建自助查询系统

智慧城市下城建档案设立的查询系统具备操作便捷和实用性强等特点,查询者可以通过档案查询系统获取馆藏资料的目录和电子扫描件,也可以把需要用到的资料直接打印出来。和传统的档案管理相比,这种通过自主查询系统来获取资料复印件的服务方式更加简单便捷,在一定程度上有利于提升档案部门的工作效率。

(六)融入"大数据"时代

大数据技术对于城建档案管理者而言,是巨大机遇,也是巨大挑战。做好大数据平台的建设,实现城建档案信息的有效收集与管理手段的升级换代,使得沉睡的档案信息真正得以服务化、实用化、价值化,城建档案自身的作用也将无可限量。借助大数据技术,城建档案数据的采集将变得更加高效,对信息的分析将变得更为全面。通过信息数据分析可以发现差别数据,进而去伪存真,使数据信息更准确可靠。通过纵横双向比较,点面结合,找到规律,提升工作品质,实现良性循环。

第四章 基于城市记忆构建的数字化建设

第一节 城市记忆构建概述

　　档案是构建城市记忆的工具和载体,在整个过程中起到了非常关键的作用,并出现了比较丰硕的档案编研成果,本章主要是从概念和理论上探讨构建城市记忆和档案编研工作的关系。记忆是个体对过去在社会活动中形成的经验或客观事物的反映,包括识记、保持、再认或再现的过程,关于记忆的研究,最初主要集中在心理学、生物学等领域,侧重于研究个体的生理机制及其在记忆过程中的运作和反应,随着各学科之间的交流越来越多,极大地丰富了记忆的概念,研究者开始关注群体的、社会的记忆,逐渐产生了集体记忆、社会记忆等概念。人类聚集成群体时,记忆不再局限于个人,家庭、城市、社会组织、民族乃至国家,都以各种方式有意识或无意识地记录着各自的历史。①

　　随着我国城镇化进程加速,各地旧城改造,城市"同质化",逐渐失去特色和多样性;同时,城市文化失去根脉,城市人群缺乏城市认同感和归属感,城市记忆成为各界关注的重点。目前学术界对城市记忆还没有形成统一共识,本文中的城市记忆是指处于同一座城市的群体随着城市的形成、发展和变迁在社会实践活动中所形成的共同记忆。

　　档案是人们在社会实践活动中所形成的原始记录,是辅助记忆的重要资料,"档案记忆观"也逐渐成为档案界共识。本文从档案与城市记忆建设的匹配性入手分析,梳理并总结档案在城市记忆建设中的重要价值;从资源管理的视角出发,以资源的"输入—处理—输出"为框架和线索界定城市记忆建设阶段;以档案管理环节为基础,深入探究城市记忆资源从调研、收集到开发与展示的全过程建设的研究和实践进展,总结已有建设成

---

①梁丽芬.城建档案工作与城市记忆构建[J].城建档案,2016(11):85-86.

果并分析研究不足,为今后的研究和实践做参考。

一、城市记忆及其构成

城市记忆的概念虽尚未在学界形成统一的说法,但也引起了档案学界和建筑学领域专家学者的广泛关注,城市所具有的作为周围区域政治、经济、文化中心的基本特征决定了城市记忆由体现城市政治发展、经济发展、历史和文化、社会生活的各要素所构成。

(一)城市记忆的概念

探寻城市记忆的概念先从城市与记忆这两个名词开始。《辞海》《辞源》《现代汉语词典》中对城市一词的解释均为人口密集、工商业发达、以非农业人口为主的地区,并且通常是周围地区的政治、经济、文化中心,这是城市的基本特征,因此,与周围其他区域相比,城市具有浓厚的政治、经济、文化色彩,对记忆一词的解释则包含两层方面的意思:一是过去事物保存在脑子里的印象;二是"过去之动作、思想后复呈现也",即人脑对过去事物识记、保持、再现的过程,本文更看重第二层意思,它反映了人脑记忆的三个重要阶段:事物识别、留存和再活跃,过去事物在人脑中的复现是一切记忆活动的最终目标所谓城市记忆,中国人民大学冯慧玲教授认为城市记忆是城市在发展进程中形成的具有突出价值的各种文化载体的历史记录,它是对城市过去的重新认知和构建,突出城市记忆的文化特性;南京林业大学教授邱冰认为城市记忆是一种集体记忆,是人们对城市发展过程中城市历史文化的空间视觉形式要素和各要素之间的组合规律的认同,强调人们对城市历史文化的认同感。此外,建筑学领域的两位专家也提出了对城市记忆的看法,中国建筑学会布正伟认为,城市记忆是人们对于城市环境及其形态要素所具有的美学特征认同后所产生的集体记忆,其中包括了宏观、中观和微观方面的记忆;建筑学会高级建筑师孟潮教授认为城市记忆是指城市建筑历史依存的环境和信息,是城市建筑的丰富宝库,是巨大的无形资产,从城市建筑的角度表明了城市记忆的重要性。本文认为,城市记忆是反映城市过去建设、发展、变迁的政治、经济、文化、社会生活变迁的各要素总和,它的内涵广泛,形式各异,内容包罗万象。因此,本文所述的有关城市记忆的内容具有广义的性质,构建城市记忆就是增强记忆主体对城市记忆客体各要素的认同,在人脑中形成对城市发展历程中政治、经济、文化、社会生活的基本印象,并随时可以复现和讲述,以期保留和延续城市物质文明和精神文明,城市记忆既可以是具有典型代表性的集体记忆,也可以是具有个体标识特征的个体记忆。在一个城市地域中,聚集着易于传播扩散记忆内容的记忆容器,档案馆、图书馆、博物馆等,也有着丰富多样的记忆载体,档案即是最典型也是最重要的城市记忆载体。

(二)城市记忆的构成要素

城市记忆主要由以下四个要素构成:

第一,城市政治发展,政治的本质是一种规范化的社会管理手段,具有较强的地域性特征。城市政治的发展谈不上政权的更替,也谈不上政治制度的变换,主要表现在众多的政治事件上,在城市建立和发展的过程中,可能遭受战争的洗礼,经历战火的考验,可能涌现出杰出的政治领导者,出台适合本地区发展的政策,可能发生过对本区域乃至国家发展具有历史意义的标志性事件等等,这些无疑给城市留下了浓重的政治印记,例如我国红色革命老区延安,是国务院首批公布的全国24个历史文化名城之一,它是中国革命圣地,毛主席曾在这里领导了抗日战争和解放战争,战斗了十三个春秋,被誉为"中国革命博物馆之城",这也形成了延安最鲜明的城市记忆。

第二,城市经济发展,经济的本质是对物资的管理,是对人们生产、使用、处理、分配一切物资这一整体动态现象的总称,城市经济是本地区人民生活水平的最基本的保障,城市经济的发展可从三大产业发展情况来看,狭义来讲就是农业、工业和服务业,也可以从人民生活水平变化来体现,讲究的是经济发展的过程,以时间为线来做纵向比较。例如我国有四大典型的工业基地:辽中南工业基地、京津唐工业基地、长江三角洲工业基地、珠江三角洲工业基地,这些地区的城市工业化进程明显,发达的工业经济体系是该地区鲜活的城市名片。

第三,城市历史和文化。城市的历史与文化也是城市记忆的重要内容。历史是社会发展的进程和自然绵延的过程,城市的历史承载着城市发展的源头及各个时期的时代特征。从宏观层面上看,由于历史具有延续性和规律性的特点,城市历史揭示了城市自建成以来的基本走向,对将来城市的发展具有引导作用;从微观层面上看,历史遗址遗迹和文物是城市所独有的宝贵资源,有效地扩大了城市知名度,也带来了经济收益,文化代表着城市文明创造、发展和传承,不同的城市因其所处的自然环境、历史环境和人文环境的不同,所表现出的文化也颇具独特性,因而形成了属于本区域的独特记忆。我国从1982年开始先后四次公布了133座国家历史文化名城,来保护中华五千年文明孕育出的因深厚的文化底蕴和发生过的重大历史事件而青史留名的城市,有的曾是王朝都城,有的曾是当时的政治、经济重镇,有的曾是重大历史事件的发生地,有的是因为拥有珍贵的文物遗迹而享有盛名,有的则是因为出产精美的工艺品而著称于世,它们的留存,为今天的人们回顾这些城市的历史和文化打开了一个窗口。

第四,城市社会生活,一方水土养一方人,城市是人口的聚集地,人们因为城市地理环境和历史环境的独特性因而形成了独特的社会生活方式,从衣、食、住、行等基本的物质需求到更高层次的精神文化需求,城市当地的特色饮食、特色服饰、特色建筑、传统民俗、风土人情、人文艺术,形成了独具风格的民俗文化,也形成了具有城市特性的身份标识。例如我国典型的民俗文化——老北京胡同文化,灰墙灰瓦,它是北京普通老百姓生活的场所,也是老北京社会生活变迁的重要舞台,每条胡同都有不同的趣闻掌故,蕴含着浓郁的民俗风貌,好像一座座民俗风情的博物馆,烙下了老北京人民社会生活的印记,也形成了独树一帜的老北京味道,而城市味道就是一种城市记忆。

二、档案与构建城市记忆的关系

档案与城市记忆有着天然的联系,从档案的概念以及它的原始记录性出发,探究档案与构建城市记忆的关系,构成了本课题研究的重要起点。

(一)档案的概念

目前档案学界对于档案概念的界定较为一致的看法是:档案是社会组织或个人在以往的社会实践活动中直接形成的具有清晰、确定的原始记录作用的固化信息,原始记录性是档案的本质属性,一般情况下,档案的实存形态主要是各类文件,除此之外,还有大量非文书类的信息记录物,只要对于人们了解和考证以往事实具有程度最高、最可信赖的原始记录作用,就可将其视作档案,因此档案的实存形态广泛复杂、多种多样,本文所述的档案含义也较为广泛,是指可以清晰地、确定地反映城市过去事实的一切信息记录,可以是文件,可以是实物,也可以是声像等形式,不仅仅局限于档案馆内的馆藏档案,泛指社会上存在的各种类型的档案。

(二)档案是构建城市记忆的工具

档案是人们在社会活动中直接形成的原始信息记录,它可以还原和展现城市政治、经济、文化、社会生活的基本样貌,是人们了解和认识城市的第一手资料。从档案的内容上看,它是从当时直接使用的文件或其他信息记录物转化而来,并非事后为使用而另行编制和创造的,所以它客观地记录了以往的事实情况,是令人信服的事实证据。从档案的形式特征上看,这些文件或信息记录物上一般保留着有关事件的标记或相关人员、单位的署名,这些数据是档案真实性、原始性的印记。城市的不断发展、不断进步经历了漫长的历史时期,产生了非常多的记忆需求,而人脑记忆容量有限,准确性容易失真,容易因为个体的死亡而间断,档案产生的根本原因就是弥补人脑记忆的缺陷,它能较为完整地记录城市形成和发展的过程,是城市文明的缩影。

(三)档案是构建城市记忆的重要载体

档案具有传承历史和文化的重要作用,从时态上讲,档案是已经形成的而不是正在形成或尚未形成的东西,它可以把城市的过去带到现在和未来,让过去告诉现在,让历史告诉未来,将过去、现在和未来联结在一起,起到维系城市历史的完整性和连续性的作用,档案与文化密不可分,档案记录了城市人民的思想和活动成果,它对于城市文化的积累、传播、发展与进步发挥着重要的作用,承载着城市人民精神世界的情感寄托,是城市的一笔宝贵的精神文化财富。档案的保存和流传是城市历史和文化的延续,也是城市记忆的延续,城市记忆的构建不能昙花一现,而是需要长远的规划,是一项长期的工程,构建城市记忆资源库可以较长时间地整合和丰富城市记忆的内容,毋庸置疑的是,城市记忆资源库需要建立在档案资源库基础之上。

三、档案城市记忆建设的重要资源

(一)城市记忆建设依赖于记忆的延续

记忆的存储与延续需要载体。记忆是人脑对经历过的事物的识记、保持、再现或再认。孙德忠从认识论角度出发认为社会记忆由主体、客体和中介三个基本要素构成,中介是连接主客体的工具手段。康纳顿认为社会靠纪念仪式和身体实践来实现记忆传递。朱蓉认为城市记忆主要由记忆客体材料和主体两部分组成,显性客体材料由人体可感知的物化形式来彰显,隐形客体材料则由以表达概念、意义的符号与行为来传承。总之,不管是个体记忆还是社会记忆,都需要客观内容的承载者以实现存储和传承,即记忆载体。

档案是城市记忆的有效载体。具体表现在以下两个方面:

首先,档案是人脑记忆的延伸。任汉中指出了人脑记忆的四个缺陷,即容量有限、保真性受到质疑、因人的寿命有限而消失、在交流上受时空限制。丁健强调"档案是人类记忆功能的延伸"。汪俊进一步指出档案弥补了人脑作为记忆载体的容量有限及容易失真等缺陷,避免了"失忆",是将个体记忆转化为社会记忆的重要载体。

其次,档案是稳定的记忆载体。肖岚认为档案作为记忆载体有一定的稳定性,表现在它不会因为记忆主体的消亡和历史的变迁而受到影响。张丽萍认为人们通过纸张、磁盘、光盘、照片等介质材料,以书写、刻录、数字化等方式存储在载体上,将人类记忆固化起来,信息内容不会随时间的流逝增减和变化,具有稳定性。

(二)城市记忆建设依赖于可靠的记忆信息

档案是城市记忆的反映,主要表现为以下四点:

档案体现城市记忆的完整性。黎延晖指出档案是各个社会组织和个人在社会实践活动中形成的记录,也包括了城市从形成到发展各个阶段方方面面的历史记录,在内容信息上是丰富广泛的。许典利指出档案涵盖社会政治、军事、经济、科学、文化、技术等多领域的历史记录,人们通过积累档案保存历史事实。

档案体现城市记忆的连续性。薛真真指出档案的储存具有连续性,能不断地将新的社会文化信息即时地吸纳过来。黄丽将档案看作保护过去、记录现在和联系未来的桥梁。张丽萍认为档案工作者经过长期的工作实践形成了收集、整理、保管、利用、鉴定、统计、编研等档案整理工作环节,这些连续的工作环节有效地保证了档案所记录的记忆的连续性。

档案反映城市记忆的选择性。丁华东借用认知心理学的"记忆选择定律"说明记忆具有选择性。库克指出"主要的历史诠释行为并非发生在史学家打开档案盒之时,而是在档案工作者装盒之际"。张丽范认为具有保存和利用价值的档案被档案工作者选中,经过系统整理,赋予档案新的品格,形成了未来将要被拥有的新的历史记忆。

档案对城市记忆具有补校与恢复作用。具体体现如下。

第一,档案作为实践活动的证据,可补证校验历史。徽学研究专家来成显指出:"大量的文书档案,具有原始性、唯一性和文物性质,是研究历史文化的第一手资料,它不仅可以对典籍文献加以补正,而且具有独特的、新的研究价值。"丁华东考察史籍,认为"二十四史"无一不是在充分利用档案的基础上撰修而成的。

第二,档案作为实践活动的原始记录,可实现缺失记忆的恢复。保罗·康纳顿提出"记忆的恢复借助了外来原始资料"。刘辉举例说明如长城仅凭外观只能获得它的结构、形状和建造材料等信息,若有档案可查,则可获得它的建造年代、建造过程和背景等深层次信息。汪俊将档案视为记忆建构的"元资源",是第一手材料,许晶晶以"对古建筑的抢救性修复或重建需要以设计图纸作依据"对此进行了论证。

随着1992年"世界记忆工程"的实施,"档案"与"记忆"联系日趋紧密,档案界普遍认同档案的记忆属性,"档案记忆观"成为学界共识。在此基础上,大多数学者都从档案的基本属性出发论证档案是城市记忆的载体,以及档案本身就是城市记忆的一部分。但是,在目前对于档案是城市记忆建设的重要资源的研究多是从档案与城市记忆的关系来谈档案的重要性,未能从城市记忆建设的角度出发,阐明城市记忆建设的具体要求,从而实现建设目标与资源特性的匹配。这一点还有待深入探讨和论证。

四、城市记忆资源建设全过程研究

记忆与档案具有统一性。杨恬南认为记忆活动的识记、保持和再认、再现,与档案工作的收集、保管和开发利用等基本环节有相似之处;而记忆中的"记"与"忆"和档案工作的"收藏管理"与"社会利用"这两对相似的基本矛盾都贯穿记忆活动和档案工作的全过程。尹雪梅认为对城市记忆档案资源进行整合、激活、再现、传承的过程就是城市记忆的构建过程。

基于资源建设与管理的视角,认为以档案资源为基础进行城市记忆建设是一个以资源"输入—处理—输出"为主线的管理过程,是从记忆资源调查、收集、开发,到城市记忆成果的展示与应用的全周期的建设过程。

五、基于档案构建城市记忆的理论基础

基于档案构建城市记忆的研究主要有以下两大理论支撑:一是档案学领域日益兴起的档案记忆观,二是秉承社会学和心理学的文化学领域的文化记忆理论。

(一)档案记忆观

20世纪末,档案与记忆的结合成为国内外档案学界研究的新课题,档案记忆观日益兴起,国际上最早在1950年第一届国际档案大会上由法国国家档案局副局长布莱邦提出档案与记忆的关系:档案是一个国家的记忆,档案馆保存的是一个国家最宝贵的东西,即一个国家的历史证据和作为国家灵魂的材料,1992年联合国教科文组织发起"世界记忆工程"文化遗产保护活动,档案与记忆的结合更加密切,2004年第十五届国家档案大会更以"档案、记忆与知识"为主题,更加深刻、全面地剖析了档案与记忆的关系,我国城市记忆工程最早始于1994年,由冯骥才先生为"抢救天津老街"而发起的"历史文化考察与保护"活动展开,这项活动引起了社会各界的广泛关注,掀起了保护城市记忆的序幕。2001年我国首届博士论坛的主题为"21世纪的社会记忆",档案与记忆引起了许多档案学者的热烈讨论。2002年青岛市率先提出了"城市记忆工程"。2007年,上海举办"档案与城市记忆"论坛,国内档案学者对我国城市记忆工程的实施进行了分析,主张从记忆的角度看待档案和档案工作,极大地促进了档案记忆在我国档案学界的形成和传播。据不完全统计,目前我国开展"城市记忆工程"的城市已有50多个大中小城市并不断有新的城市加入进来。

近30年的城市记忆工程实践取得了一些成绩:从地区来看,由开始的大城市逐步向中小城市发展,从沿海发达城市逐步向内陆城市推进,由城市逐步向区、县延伸;从方式来看,由拍摄记录城市面貌到收集各类资源并进行有序开发利用,收集以及开发利用的形式也根据资源类型和时代需求逐步多样化。但仍存在诸多不足:

一是对"城市记忆资源建设"的认识有待提高。许多城市盲目跟风,对"什么是城市记忆"以及"怎样将收集的资源提炼为城市记忆"没有深入认识,认为仅仅拍摄、收集就是城市记忆资源建设,缺乏整体性和系统性认知。

二是实施及参与主体有待扩展。城市记忆资源建设虽以档案资源为

主体,但也涵盖其他多种资源。目前我国城市记忆工程的实施者绝大多数为档案部门,其他部门的参与度不够;另外,"城市记忆"的主体是全体市民,应广泛调动社会各阶层和群体的力量共同参与城市记忆资源建设。

三是资源建设的技术和手段有待创新。目前的城市记忆工程仍然以拍摄、编研和展览为主要方式,缺乏创新性。在新时代应与时俱进,以先进技术支撑多样化的资源开发和利用手段,提高资源建设的效率和效果并吸引更多人的关注和参与。

四是建设成果的应用与拓展亟待加强。目前绝大多数工程都以保存和展示为工程终结,没有建设成果的应用意识。工程建设的成果是对城市记忆资源的深度挖掘和提炼,是一笔宝贵的财富,应充分利用,应用于文化、教育、知识产业等方面,发挥最大价值。

综合以上研究,笔者认为对于"基于档案的城市记忆资源建设"的研究主要有两点不足:首先,认识不到位,视野局限。未将城市记忆建设看作从资源输入到成果输出及应用的全过程,系统性欠缺;许多学者仅将城市记忆作为发展档案事业、提高档案部门地位的契机,将重点放在档案研究上,忽视了档案资源与城市记忆的契合。其次,缺乏创新性,基础研究有待加强。研究重点集中于一个或几个问题,易造成重复研究;宏观层面的建议多,基础问题重视度不够;理论停留在表面,缺乏深度。

中国人民大学冯惠玲教授认为档案记忆观的基本内容是:档案是建构集体记忆重要且不可替代的要素;档案工作者有责任通过自身的业务活动积极主动地参与集体记忆的建构、维护与传承;档案工作者的观念、工作原则与方法对于社会记忆的真实、完整与鲜活产生正面或负面的影响。中国人民大学徐拥军教授提出档案记忆观主要是指从集体记忆、社会记忆视角对档案、档案工作及档案工作者的系统认知,同时还包括从档案学视角对集体记忆、社会记忆及其建构的独特认知,主要包括三个要点:一是档案是建构社会记忆不可替代的要素;二是档案工作是建构社会记忆的受控选择机制;三是案工作者是建构社会记忆的能动主体。上海大学丁咚华教授认为档案记忆观的核心内涵是:基于对档案基本属性——社会记忆属性的本质性认识,把档案与社会、国家、民族、家庭的历史记忆联结起来,强调档案是一种社会(或历史、集体)记忆,含有"集体记忆的关键",档案馆是"记忆的保存场所"或"记忆宫殿",并从个人乃至民族的根源感、认同感、身份感的高度去看待档案及其保护的重要性,纵观以上专家学者对档案记忆观基本观点的阐述,本文总结出了以下几个核心要点:一是档案记忆观是着眼于集体记忆的视角;二是档案具有构建集体记忆的功能;三是档案馆、档案工作对构建集体记忆起着非常重要的作用;四是档案工作者是构建集体记忆的关键角色。显然,城市记忆属于集体记忆的范畴,因此,从档案记忆观的理论上讲,档案具备构建城市记忆的功能,要充分发挥档案馆、档案工作者的作用,将城市记忆的构建深入到档案工作之中。

(二)文化记忆理论

文化记忆理论属于文化学的范畴,是20世纪80年代德国海德堡大学教授扬·阿斯曼与其夫人阿莱达·阿斯曼在继承法国社会心理学家莫里斯·哈布瓦赫集体记忆理论的基础上提出的,指出文化记忆理论既是一种文化理论,同时又是一种记忆理论,在文化理论范畴中,它专指文化的记忆功能,而在记忆理论的范畴中,它特指记忆中的文化方面。文化有两项任务,其一是协调性,在共识维度中使文化参与者相遇并进行交流;其二是实现持续性,在历时维度中使更多的参与者、不同代人共事共处,且不必从头再来。记忆是实现历时性和延续性的器官,以便进行储存和重建。从这一点看,有理由相信文化具有记忆功能。阿斯曼夫妇还提出了记忆的三个维度:神经维度、社会维度和文化维度,构建人类记忆的第一个层次神经维度属于生物学范畴,第二个层次社会维度则是心理学范畴,在个人记忆过渡到社会记忆的过程中最重要的是个人经验的浓缩,第三个层次文化维度是文化学的研究对象,从社会记忆过渡到文化记忆发生了经验的分离与再结合,涉及了遗忘和隐瞒,从这一点看,文化的形成是集体记忆的最高层次,文化与档案的联系是密切的,这是因为文化的形成需要以文字或其他形式固定下来,否则就会出现断裂,无法延续和传承,而这些文字和其他形式的信息记录,经过时间的筛选与沉淀,恰好就是我们所说的档案。文化记忆理论通过文化这一中介和桥梁,将档案与记忆联系在一起,证明了档案具有记忆功能,这也是本文基于档案来构建城市记忆的理论基础。

第二节　基于城市记忆构建的数字化建设分析

随着我国城镇化进程加速,各地旧城改造,城市"同质化",逐渐失去特色和多样性;同时,城市文化失去根脉,城市人群缺乏城市认同感和归属感,城市记忆成为各界关注的重点。目前学术界对城市记忆还没有形成统一共识,本文中的城市记忆是指处于同一座城市的群体随着城市的形成、发展和变迁在社会实践活动中所形成的共同记忆。

记忆与档案共有统性。杨惦南认为记忆活动的认记、保持和再认、再现,与档案工作的收集、保管和开发利用等基本环节有相似之处;而记忆中的"记"与"忆"和档案工作的"收藏管理"与"社会利用"这两对相似的基本矛盾都贯穿记忆活动和档案工作的全过程。尹雪梅[认为对城市记忆档案资源进行整合、激活、再现、传承的过程就是城市记忆的构建过程。

本节基于资源建设与管理的视角,认为以档案资源为基础进行城市记忆建设是一个以资源"输入—处理—输出"为主线的管理过程,是从记忆资源调查、收集、开发,到城市记忆成果的展示与应用的全周期的建设过程。①

一、城市记忆资源调查

综合各学者观点,本文中的城市记忆档案资源是指在城市形成、变迁和发展中直接形成的对城市具有重要保存价值的历史记录。"一方面我们不可能认为所有的东西都重要,另一方面我们不可能没有选择地进行记忆或者保存。"历史上形成的档案浩如烟海,"应对资源的来源展开深入调查,掌握资源数量、分布情况、原始形式等具体信息",这是进行城市记忆建设的基础性工作。

(一)城市记忆档案资源的范围

基于档案资源进行城市记忆建设,首先要了解哪些档案才是我们所需要的记忆源泉,这就需要确定城市记忆档案资源的具体范围。

王立荣按载体形式来划定城市记忆资源的范围,将其分为体裁类、文献类和实物类,任敏认为城市记忆属于"文化遗产范畴",从档案所反映内

---

①罗超. 历史文化名城保护与立法的苏州实践[J]. 中国名城,2016(5):88-91.

容的物质形态来划分城市记忆档案资源,但分类较为简单,不够详尽;郭红解总体上按事由原则对城市记忆档案资源进行分类,涵盖城市发展的方方面面,但仅关注文献类资源,仍具局限性。

综上来看,对于城市记忆档案资源的划分及范围的确定较为复杂,要兼顾物质形态与反映内容,还有待更为细致和深入的考察。

(二)城市记忆档案资源的分布

档案馆是保存档案资源的权威场所,大部分城市记忆资源也存于档案馆中。王新利、黄振平指出图书馆、博物馆也是城市文明的收藏者,保存有各种老照片、书信、档案等,如上海图书馆珍藏的"盛宣怀档案"。戴志强指出由于档案形成主体的多元化,民间团体、企业、协会、个人等也保存有城市记忆档案资源。谢文群〔强调近代以来因战争劫掠、盗掘以及不正当贸易等诸多因素,我国大量的历史档案流散在国外。

综上,基于档案的城市记忆资源分布呈现出集中性与分散性并存的特点:集中保存于档案馆等文化机构,散存于民间及海外。资源分布的这种现状造成不能摸清全部城市记忆档案资源,但为资源收集方式的选择及开发利用奠定了基础。

二、城市记忆资源处理

(一)记忆资源有序化

收集的档案资源是大量的、零散的,无序的,不利于记忆主体的获取和理解。因此,要对资源按一定方式整理,使之有序化以方便利用。

张忠凤、王立荣都主张建立书目数据库、全文数据库、多媒体数据库、专题数据库、信息资源导航系统等来全面梳理档案资源。在档案资源有序化的维度上,薛匡勇认为从范围上可分为局部和总体整合,从程度可分为初步和完全整合,从维度上分为横向、纵向和立体整合。郭品则在具体方法提出自己的见解,认为可根据档案形成主体性质、反映对象、载体形态的特殊性、"高龄"情况进行资源整理。

(二)记忆资源编纂

一些学者认为档案编纂就是对记忆的建构。如丁华东认为编纂活动中对记忆资源的"挑选、考订、校勘、编排和注释",是"对断裂记忆的延续,破碎记忆的整合",是对历史记忆的重塑。连明发认为档案编研就是城市记忆"记"与"记"的循环模式的体现,既是记忆客体在主体意识中留下痕迹的过程,又是记忆主体将客体材料重置于现实并识别和理解的过程。

在资源编纂的方式方法上,连发明提出应遵循集体性、原真性、整体性、系统性的原则;卫奕对资源的利用提出了具体要求:客观选材、适度阐释以保证真实记忆,多角度选题选材以保证广泛记忆,加强细节的挖掘以保证深度记忆,注意形式的变化以保证生动记忆;刘建英等认为在新形势下要以需求为导向确定选题,通过联合编研的形式优化工作成果,依靠网络编研提高实效。

(三)记忆资源数字化

记忆资源的数字化,即"利用现代各种信息技术手段,对传统实体资源进行录入、扫描、加工等处理,将其转化为计算机能够识别的数字图像或文字,形成电子目录数据库、原文数据库、多媒体数据库等数字资源","数字化形式的建设成果在可用性、共享性、持久性等方面更具有优势",既是存留过去的需要,也是适应未来的要求。

对于记忆资源的数字化研究主要集中在两方面:一是探讨城市记忆数字资源库建设方案。冯惠玲提出的"中国记忆"数字资源库,以档案数字资源为主体,以文本、图片、音频、视频等为记录形式,各地区、各行业可分别建设子库。樊树娟在此基础上分析了其可行性与实施原则,提出了"加强领导,通力合作""资源收集多样化"及"加强数字资源管理"等策略。吴建华等提出了具有整合、传承和服务功能的数字档案中心,作为城市记忆的"仓库"和"窗口"。

二是研究数字化资源的组织及规范。必须采用"统一的数字元数据标准"以实现资源共享。资源存储及转换标准的统一能够移除了多机构合作资源采集过程中存在的格式不统一的障碍,为资源的组织及深度利用奠定基础。"美国记忆"通过"技术方案"和"质量标准"两方面要点对资源的基本单位、编目与元数据、检索与索引、系统建设、质量标准等进行了规范。范维晨另辟蹊径,从Web2.0视角出发,提出除元数据之外的分众分类法和主题地图的资源组织方式,但其现实可操作性还有待检验。

三、城市记忆成果输出

实现成果输出原因有二:其一,档案资源作为触发记忆和过去事件回忆的"试金石",只有在"被获取、理解与利用"中才能发挥这种功能,这就需要城市记忆主体的参与;其二,"保存城市记忆最好的方式是不断传播城市记忆",档案是一种固化的记忆或载体,以档案资源为主体建构的城市记忆传播范围有限,被记忆主体认知的机会有限。因此,只有通过多种形式将成果输出,通过与记忆主体的相互作用,被人们广泛理解和认知,才能形成共同的城市记忆。

（一）输出目的 城市记忆成果输出主要实现两个目的

一是实现历史文化的展示与传播。徐拥军强调中国记忆工程旨在促进国家文献遗产的保护和中华文化的传承,提高中国人的民族自豪感、自信心、增强全球华人的归属感、身份感,促进中华文明的对外传播,提升国家文化软实力。魏彬冰等认为通过展览、图书、声像和学术研究等形式的城市记忆输出,能够为公众提供"多样化的文化体验、历史追溯、精神熏陶、审美鉴赏"。

二是实现成果的应用与拓展。首先,建设成果可应用于城市管理。赵淑梅总结辽宁省丹东市实践经验,希望利用城市记忆资源形成的专题资政报告实现对城市建设规划的建言献策,帮助政府决策。其次,建设成果可应用于教育领域。游毅建议我国的城市记忆建设能借鉴"美国记忆工程",将记忆材料大量投入到中小型教育,提供给公众做终生学习之用。最后,建设成果可应用于相关产业发展,实现增值。杨雪云、丁华东总结徽州市利用城市特色记忆开发传统产品、吸引外资、开发旅游景点等经验,可将记忆文化资源转化为文化资本。

（二）输出平台 城市记忆的传播需要媒介

城市记忆建设的成果输出可分为线上和线下双渠道。线下主要是传统媒介,如出版社、电视台等。刘瑛认为档案部门要加强与高校科研机构的合作,出版相关书籍、光盘等;加强与电视媒体的合作,制作播出城市记忆宣传片。

此外,举办展览也是实现城市记忆传播的有效途径。宋鑫娜提出展览的地点可从传统的社区、学校等拓展到文化广场、商业中心、旅游景点、机场大厅等社会公共场所,扩大覆盖面。刘立指出要对所展览的资源的"获取渠道、体现的历史背景、包含的内容、存在的意义等做充分说明",以此激发他们对城市的历史进程研究的兴趣,以及身为城市居民的身份认同感和自豪感线上则是通过网络实现输出。陈斌珠提出既要借力档案网站,设置有关城市记忆的栏目,又要借助即时交互、简单方便、大众广泛的博客和微博,并设置相关链接扩大关联度。周婷则主张建立专门的城市记忆网站,利用网络技术,构建网络化的信息平台,更好地扩大宣传和利用。

(三)输出形式

刘付英指出城市记忆"以文字、表格、图纸、照片、拓片、摹本、音频和视频等多种形式相结合"的形式来展现,尽可能地反映了城市原貌。陈斌珠总结并建议城市记忆展示主要有以下几种方式:一是利用图片、照片加文字的形式展示,二是采用在线网络视频展示,三是建设3D虚拟展厅,采用三维方式展示。丁华东认为可通过档案汇编、档案图片选编等形式实现内容挖掘和展示,以文本、图像、声音、声像、多媒体等形式管理。

结合输出平台的归纳,输出形式为两类:一是图文型,包括文字型、图表型和图文结合型,如文字汇编、图文并茂的展览等;一是影像型,主要包括音频型和视频型,如电视纪录片、光盘等。

城市记忆资源建设的研究有两方面趋势:在认识上,重视程度增加,研究范围逐步展开,涉及资源的收集、开发与利用等方面;在方式上,由传统向现代发展,顺应时代要求,开始在资源的数字化建设方面提出构想与方案以实现资源的长期保存与建设。

但仍存在不足:首先,对资源建设的认识深度不够,只关注其中一两个阶段,未能形成对资源全过程建设的整体认识,缺乏系统性;其次,资源开发的方式有所局限,多数研究集中于传统的档案编研,缺乏创新性;最后,数字化资源建设研究仍显空白,文章较少且多为整体方案设计,技术及应用还需进一步探索。

第三节 基于城市记忆构建的数字化建设探讨

一、扩大城建档案的收集范围,避免社会记忆缺失

社会记忆是建立在集体记忆的基础之上的,社会记忆产生于人们在文

化、政治、经济等多个方面,可以说,社会记忆涵盖了社会生活的全部,而对于社会记忆来说,保护记忆资源的真实性、完整性是对于保存社会记忆资源最重要的部分城建档案馆作为构建社会记忆的主体,肩负着重要的责任,我们处在一个信息时代,城建档案作为一种信息资源,能够对社会记忆的构建产生较大的价值,除了传统的纸质档案,电子文件、照片、录像、录音等形式的档案也相继产生,并且,这些电子文件也能够成为一种更为直观的记录,这些新的载体可以更为形象生动地记录城市发展变迁的过程。但目前的归档范围对于保存社会记忆是不够的,还需要城建档案部门扩大对城建档案资源的收集范围。载体的形式多种多样,城建档案的种类丰富多彩,城建档案馆在设计馆藏资源结构的过程中,需要将不同种类和形式的城建档案包含在内,同时在城建档案管理工作中需要将管理方式进行创新,也有利于更好的保管具有记忆的城建档案资源。如:历史厚重感较强的建筑,可以作为实物档案为社会利用者提供服务,针对无法入馆保存并且具有记忆的城建档案,可以用照片的形式记录下来,并结合文字进行相关的说明,同时,将其具体地理位置进行详细的说明,方便档案利用者找到该档案资源。①

　　扩大城建档案的收集范围,首先应该制定相应的城建档案收集计划,确定要收集哪些城建档案资源,尤其是对具有记忆的城建档案资源进行收集,并且把工作任务细化到个人,应当通过多种途径对信息进行收集,同时,要转变收集方法,将传统的城建档案收集方法进行创新,除了要接收必须归档入馆的城市建设相关档案资料以外,还需要收集城市中分散的社会记忆档案资源。收集方式可以通过一定的宣传手段,鼓励对具有社会记忆的档案资源进行移交,通过对凸显城市记忆档案资源的收集、鉴定、整理、入馆,可以使城建档案馆从自身保存城市记忆,为后人留下真实且完整的记忆,所以,为了避免记忆的缺失,城建档案部门需要对多途径收集方法进行更进一步的完善,从而在最大程度上扩大城建档案的收集范围。

二、扩大城建档案管理的社会参与

　　为了适应当今时代的发展变化,扩大城建档案管理的社会参与是一项

---

① 杨诗涵. 智慧城市发展中档案服务工作新走向[J]. 档案天地,2018(11):37-40.

非常重要的任务。各级行政部门和城建档案管理机构应当重视起来，要用发展的眼光，并且有目标、有计划、有步骤地加以实施。

扩大城建档案管理的社会参与，可以通过加强档案记忆主题的城建档案宣传来实现，不仅可以扩大城建档案管理工作的社会参与，也可以弘扬中华民族的传统文化。档案记忆是建立在社会记忆的基础上的，人们在社会活动中产生的全部记忆就是社会记忆，它从一定层面上反映了社会活动。在对城建档案的收集过程中，仅仅依靠城建档案馆的力量是不够的，档案部门应当加大宣传的力度，将档案记忆灌输给民众，通过大力度的宣传，也可以引起全社会的关注。将城建档案工作面向社会，也可体现社会记忆构建的意义，通过对全社会各个领域中具有记忆的城建档案资源进行收集，可以扩大具城建档案的收集范围，一旦有了记忆，才可以反思。经过反思，才可以发现问题解决问题并向前发展。

对于宣传来说，最明显的特点就是城建档案馆承担了服务的功能，也可以说通过宣传，把档案记忆的理念以及城建档案对于保留记忆的重要性向社会宣传，让人们逐渐对这一事物了解并接受，同时达到社会公众对这些记忆产生认同感的效果。城建档案馆可以通过一些媒介，如杂志、广播电台、电视、微博、微信公众号等平台，对档案记忆进行宣传，在进行宣传的同时，需要掌握当前社会的需求，制定完备的方案，并且提供具有深度的社会记忆城建档案资源，从一定程度上可以对社会记忆进行传承。

同时，历史的转动离不开民众，广大民众见证了城市和社会的发展历程，有很多包含记忆的城建档案资源也在民众手中，通过对档案记忆的宣传，在得到民众的关注后鼓励民众将这些档案资源移交至城建档案馆。这样一方面可以扩大城建档案馆的社会记忆和城市记忆档案资源，同时，也有利于对记忆的传承。对于集体和社会来说，也需要记忆，使其自身得到反思和发展进步。通过对档案记忆主题的城建档案进行宣传，可以促进全社会对城建档案工作有一个更为深刻的了解和认识，也可以提高人们对档案记忆的关注。全社会上下都积极参与到城建档案收集的过程中，这些具有记忆功能的档案信息资源在归档后，根据其重要程度不同进行不同时间的保存，为后人了解社会和城市的记忆提供了资源保证，也有助于更好的传承传统文化。

三、继续巩固发展高素质专业化人才队伍

巩固发展高素质专业化的人才队伍可以为档案记忆观视野下城建档案的管理工作提供强有力的保障。主要有以下几方面：

第一，要有良好的政治素养和职业道德，遵守法律，有高度的法制观念，这也能为城建档案在管理的过程中和社会记忆相结合提供了法律支持。城建档案部门属于国家机密部门，一旦档案资源泄漏，就会给党和国家带来灾难，与城市记忆相关的城建档案资源也不乏会牵涉到党和国家的利益，所以，拥有政治素养、法律素养和职业道德的档案专业人才，才能保证档案资源不被泄漏，从而保证城建档案的安全。

第二，要有与档案管理工作相关的专业基础知识和实际业务能力，这能为档案记忆观视野下城建档案的管理提供专业支持。在档案收集的过程中，通过档案记忆观理论对其进行指导，可以使城建档案在收集的过程中更贴近社会生活，从另一个角度记录城市发展的轨迹。

第三，加强新技术、新知识以及相关知识的学习，这为档案记忆观视角下城建档案的管理提供了技术支持。目前城市发展迅速，各种新媒介新载体如雨后春笋一般进入了档案工作者的视野，这就需要城建档案工作人员具有掌握新技术、新知识的能力，只有对这些业务的熟练掌握，才能在如今的信息化社会中以最高的效率获取具有社会记忆的城建档案信息资源，并且和城建档案管理工作相结合，推动城建档案信息化建设的进程。

第四，继续学习的能力。这是对已经取得专业城建档案管理资格的档案从业人员的二次教育。是对专业技术人员已有的知识储备进行进一步的巩固以及扩展。随着科学技术的不断进步，城建档案管理方式也在发生着变化，为了适应时代发展需要，有必要对已获得资格的专业从业人员进行第二次教育，从而进一步实现完善城建档案知识结构，加强对社会记忆档案资源更为熟练的管理，提高从业人员的业务水平。

第五，岗位培训。这是对未受过城建档案专业教育或不具备城建档案专业知识和能力的，且刚从事城建档案工作的人员进行的培训。通过培训，使未受过城建档案专业学习的从业人员掌握城建档案的基础理论知识、基本的管理方法，并且掌握对城建档案信息资源的管理，在符合城建档案日常管理的岗位要求的同时也能确保包含记忆的城建资源的开放共享。

城建档案机构应该加强对城建档案从业人员的继续教育和岗位培训，

不断提高城建档案从业人员的知识储备和管理能力,也要引进复合型专业人才,优化城建档案从业人员的知识结构,从而充实城建档案管理人员的队伍,为城建档案事业的可持续发展提供保障。同时,也要适应当今的时代背景,使城建档案和记忆相结合进行管理。在确保城建档案正常管理的同时,也能通过城建档案对城市记忆和社会记忆进行完美的展现。

四、推动城建档案信息化进程

城建档案信息化建设是通过现代信息技术,实现城建档案信息的数字化,同时也实现城建档案信息管理的网络化,实现资源共享。

就目前情况来看,为了推动城建档案信息化的进程,我国城建档案馆做了很多的努力,城建档案管理信息系统也相继在我国很多城市建立。有些城市注重城市地下管线的建设,并建立了地下管线信息管理系统,取得了很大成绩,这些进展也在为保证社会记忆资源过程中提供了技术支持。

在当前新时代背景下,随着信息科学技术的飞速更新,这对于城建档案管理工作而言也带来了创新发展的有效契机。相较于传统城建档案管理工作注重于纸质档案及实体档案等方面而言,未来档案管理工作将更加注重信息化建设的发展。

同时也更加注重对记忆的保存,这不仅仅是实体档案的电子化和网络化的过程,还需要将信息化工作理念纳入档案管理工作全过程当中。在当前办公自动化的背景之下,各级城建部门,在工作开展过程当中产生了大量的电子文件,随着社会发展信息化趋势的日益增强以及保存记忆的需要,这对于城建档案管理工作发展也提出了更高的要求,要进一步发挥城建档案的资料统计和决策依据等功能作用。

甚至在某种程度上还会实现对具有记忆的城建档案资源的共享。为了实现这一管理目标,首先需要建立完善的城建档案信息管理系统平台,运用适宜的管理技术。

统一相关的业务规范和技术标准,建立全面的城建档案信息目录,另外还需要注意的是城建档案信息化工作的网络安全问题,在日常管理过程当中需要不断地加强对数据库安全管理的重视程度,以避免不必要的外部攻击所造成的工作损耗。

（一）城建档案馆数字化建设

要建立数字城建档案馆，需要我们对传统的观念进行一定程度的更新，将我们的传统档案管理思维向电子化思维进行转变。为了使城建档案管理能够适应当今快节奏、信息化进程的发展，做到城建档案的电子化也是必须完成的工作且具有时代的意义。当前具体措施是：

第一，对城建档案馆现在已有的具有记忆的城建档案资源进行数字化的处理，通过扫描、拍照等方式，将传统的纸质文件转向新的媒介，在一定程度上，运用这种手段可以使档案的寿命得到延长，同时也在城建档案利用方面为人们提供便利，也和互联网结合，方便集中管理，同时也有助于社会记忆的传承。

第二，在具有记忆功能的城建档案进行收集、利用和管理的过程中和电子化技术相结合，这样可以在档案管理的过程中实现网络化统一管理，通过电子化可以完成档案管理的各个流程，大大提高了工作效率，包括档案的形成、接收、管理、利用等等。

第三，城建档案馆现有的数据信息需要随着城市的进步不断更新完善，使城建档案的记忆功能得到更多的体现，也可以通过社会参与的提高来获得更多的具有记忆的城建档案资源，使不同领域的信息有条件的共享。只有这样，才能不断丰富档案记忆资源，有利于档案记忆资源的开发利用，也有利于记忆的传承。

（二）城建档案服务的信息化

随着公众对城建档案工作的不断了解，越来越多的人到城建档案馆想通过馆内对具有记忆的档案进行利用从而了解城市的发展历程，档案利用者在使用城建档案的过程中也希望对城建档案馆的网络服务进行实际体验。而优质的网络服务是建立在有较成熟的网络开发建设的基础上的，从而能在多方面满足利用者的需求。在现代网络信息技术高速发展的今天，城建档案馆需要完善现有的网络平台，使其能够适应网络快速发展的大环境，更高效快捷的为用户提供服务，使城建档案使用者能够认可城建档案馆的网络信息资源。

城建档案信息化需要把城市中所有的地上、地下的管网管线、城市建设开发的档案、楼房建筑的建设档案等在内的所有信息统一进行信息化处理，对具有记忆功能的档案也要统一集中管理，通过建立相对应的信息系统,能够为城建档案网络化和现代化作出贡献,在城建档案管理的过程中,也能够更加快捷,提高记忆资源管理的效率,从而能够更好地为城市建设发展提供信息资源支持,加快城市的现代化进程。

(三)城建档案信息化建设安全保障

城建档案信息化的开展,离不开国家法律制度的支持和保护。在信息化的进程中,安全性是既紧急又必要的第一要素,只有安全性得到保障,才能进行下一阶段的城建档案信息化建设工作。为了保障其安全性不受侵犯,可以采用多种方式对其信息资源进行保障,如:信息加密技术、身份认证技术、防病毒技术等一系列保障信息资源安全的手段,在保障城建档案信息资源的过程中,不仅需要对城建档案信息资源进行备份,以防损坏丢失,同时还需要根据城建档案资源的重要程度,对其进行重要性的安全分级。对于重要性高的城建档案信息资源要进行最高网络安全基准的方式进行储存管理,不仅如此,还需要城建档案信息化管理人员定期对计算机设备进行维护,以及系统的更新,确保城建档案信息系统的防火墙和防病毒设施是正常的状态,这样有利于避免黑客入侵和病毒对城建档案信息资源的影响。

五、完善法规建设

拥有法律的保障,可以使城建档案在建设的过程中有强大的支撑,尤其是对包含社会记忆和城市记忆的城建档案资源,有完备的法律制度是促进城建档案工作健康发展的基础性的保障,建立健全对包含社会记忆的城建档案资源的法律法规,对依法开展城建档案建设工作以及提高城建档案的管理能力有着较为显著的意义。有个别省市与自身城市文化、历史等特点相结合,推出了保护记忆资源的相关条例,如:浙江省在2012年通过了《浙江省历史文化名城名镇名村保护条例》。该《条例》的通过,调动了生活在历史文化名城、名镇、名村中的民众对于保护历史文化的参与热情,也提高了民众对于保护历史文化和记忆的监督,同时也保障了名城范围内的居民、企业等相关主体的利益;上海市在2002年推出了《上海市历史文化风貌区和优秀历史建筑保护条例》在保护不可移动且记忆浓厚的古建筑过程中,发挥了推动的作用。

加强对包含记忆的城建档案资源管理的法规建设,单纯地依靠相关制度是不够的。还需要相关主体负责人、档案工作者、社会民众具备法律的意识。将包含记忆的城建档案资源和法律法规相结合。只有具备了法律意识,才能减少类似破坏历史文物、损坏包含记忆的城建档案资源等违法的现象发生。

为了保护城市记忆和社会记忆,需要相关法律对其进行支撑。只有这样,才能更完整地留住记忆,留住中华民族传统文化。

六、加强城建档案资源整合和资源体系建设

(一)提升城建档案资源整合

为了使城市历史的真实面貌得到维护,城市文化得到传承,就需要在档案记忆观的背景环境下,将城建档案资源进行整合,这也是为了对城建档案资源管理更为科学、使用更为便捷,也为了在资源结构上对具有记忆的城建档案资源实现最优化的管理。在加强对城建档案资源整合的过程中,应该以城建档案馆为主体。

其他档案部门积极配合,充分发挥城建档案馆在技术、馆藏、管理的优势,将城建档案馆建设为城市记忆和社会记忆档案资源的开发利用中心,成为城市记忆和社会记忆档案文献资源整合的组成部分。

所以,为了城市的文化和精神得到后人的传承,为了使城市发展的历史轨迹能够得到全方位的保存,也为了使城市的形象得到提升,有必要将有价值和有记忆的城建档案资源进行整合。

(二)完善城建档案资源体系建设

在对城建档案资源整合的同时,还需要完备的城建档案资源体系,拥有完善的资源体系可以使城建档案更为方便地为公众所利用,尤其是具有记忆的城建档案资源,在完善城建档案资源体系的过程中,需要结合城建档案资源的特点,在原有的基础上进行完善。具体做法有:

第一,建立资源共享平台,由于城建档案资源数量庞大且分散,日常管理中会存在效率较低不好管理等问题,通过建立城建档案资源共享平台,可以将不同类型的城建档案资源集中保存,也可以实现共享。通过对具有记忆的城建档案资源的共享,可以起到传承文化的作用。

第二,对城建档案资源进行优化,城建档案资源在不断地丰富,同时也需要及时对这些资源进行优化,使城建档案资源能够有更高的质量保证。

对没有记忆且没有保存价值的城建档案资源进行及时销毁,在这个过程中不断优化城建档案资源,使其价值得到更好的体现。

城建档案资源为城市提供服务,在为城市规划、建设、管理提供参考的同时,又广泛服务社会公众,这也需要当今的城建档案工作者对服务理念进行转变,从之前的提供服务变为主动服务,对城建档案资源的开发起到创新的作用。同时也对记载若社会记忆的城建档案资源进行创新,可以将这些包含记忆的城建档案资源通过展览、画册、杂志等媒介向社会公众展示,也能让社会公众了解城市的文化,也能体现城市的风土人情,这也是为什么要进行城建档案的资源整合以及对城建档案资源体系的完善,也能起到保存具有记忆的成绩档案资源的作用,使其实现利用最大化。

七、提高城建档案馆对城市记忆编研工作的重视

档案编研是档案部门根据馆(室)藏档案和社会需求,在研究档案内容的基础上,编写参考资料、汇编档案文件、参与编史修志、撰写论文专著。社会记忆是档案记忆观产生的基础,社会公众作为社会记忆的主体有着不同的认知能力和教育程度,所以不同的人对档案资源的看法和观点也不同,也展现出了差异性。档案编研可以提高人们对档案资源的认识程度,提高人们对记忆的认知。所以,需要城建档案馆提高对包含记忆的档案资源的编研,扩大对包含记忆的档案资源的收集范围,也会产生新的管理思路,编研方式也会由传统的方式转变为创新型的方法。由于对象的不同,城建档案馆对档案资源的编研工作也不尽相同,呈现出多样化的态势。

加强城建档案馆对包含记忆的城建档案的编研工作,需要做到以下几点:

第一,在档案编研的过程中,在保证档案资源的真实性的基础上,需要对社会记忆进行更深层次的挖掘,将满足可用性、广泛性特点的社会记忆城建档案编研成果提供给利用者。

第二,档案编研需要档案部门满足社会需求,所以,城建档案馆需要紧密结合社会背景对档案资源进行编研,尤其是对包含记忆的档案资源的编研。在一定程度上,也需要城建档案馆转变观念,在传统档案编研的基础上进行创新,使档案编研更加适应当今社会。

第三,在编研的过程中,需要将包含记忆的档案资源的特性得到展现,也需要和历史背景相结合,从而使档案资源的编研工作得到提高。

第五章 基于WPF的数字化建设

第一节 系统关键技术概述

一、WPF技术

WPF(Windows Presentation Foundation,简称WPF)是一种RIA(Rich Internet Application,简称RIA)客户端开发技术。选用WPF客户端开发技术,不仅是为了满足用户对交互体验高要求的需要,而且是为了满足未来系统升级扩展的需要,系统可以很方便地且无缝地过渡到基于浏览器的应用,实现真正的互联网应用,即RIA应用。RIA是将桌面应用程序和传统的Web应用结合起来的网络应用程序,兼具二者的优点:既有桌面程序的良好的用户体验,又具有Web应用程序快速、低成本部署的特点(刘波,2008)。

客户端技术提供能够承载已编译的以文件形式,用Http传递的客户端应用程序的运行环境,客户端使用异步C/S的架构来连接后端应用服务器,是新的面向服务模型,具有安全可升级以及具有良好适应性特点,这种模型运用综合通信技术使RIA具有良好的用户体验。

RIA中的"Rich"存在两种含义:一是指丰富的数据模型。用户界面可显示和操作更为复杂的能嵌入在客户端的数据模型,能够对客户端的计算进行操作,能够对数据进行非同步的发送和接收。相对于传统的基于HTML的页面来说,客户端的优点是程序是在客户端运行,和用户的交互大都在客户端,相应地服务器端的交互就变得少了。这种数据模型在很大程度上降低了服务器端与用户的交互压力,能很好地平衡客户端和服务器端。与此同时,程序开发人员就能有去创建更高效且更具有交互性的网络应用程序;其次还包括丰富的用户界面。"Rich"的意思同时也体现在用户界面的全面提升。在传统方式中,HTML用来定义界面,但是这种方式只提供了非常有限的界面控制元素,因此无法实现丰富的用户界面;而 RIA 方式则为用户界面的定制提供了灵活多样的界面控制元素,这些控制元素的有机组合便构成了丰富的用户界面。[①]

客户端的用户界面通过分解成许多独立的模块,这些模块对用户的交互操作做出相应的反应,通过判断,有些会需要通过和服务器进行交互,有些则是这些模块之间的相互通信。而传统的方式则是只要交互请求就会从服务器响应整个页面,影响了程序的响应效率和用户体验感。富客户端是针对只有收到请求的应用程序部分才会相应地做出变化(孙巍,2006)。

这种通过使用在客户端执行指令的客户端技术可以有效地避免延时,实现程序与用户操作的同步,给用户带来良好体验。

RIA 相对于传统网络应用的优势可以总结为以下几点(陈谦等,2009):①表现力丰富。RIA 因为提供了很多灵活多样的界面控制元素,这些控制元素的有机组合会构成表现力丰富的用户界面。这种与传统的通过 HTML 标签定义用户界面的方式具有明显的优势。②反应迅速。与那些需要与远程服务器进行交互的传统网络应用相比,RIA 界面功能的反应要迅速得多。③CIS 结构的负担平衡。RIA 能使客户端和服务器端对资源的需求更加平衡,通过将展示逻辑和业务逻辑转移到客户端从而解放服务器端的资源,这样能显著提升系统的响应能力。④通信异步。当用户进行交互操作时,客户端引擎根据判断是否与服务器端进行交互或者进行模块之间的通信。用户在此过程中能同时可以进行页面的浏览和其他交互。⑤网络效率高。由于 RIA 需要与服务器的通信减少,服务器端的网络负载也随之减轻。因此对于每次的用户交互,系统反馈的响应速度也就得到了很大的提升。

RIA 从诞生至今,其包含或相关的技术(规范或标准等)多达上百种,其中主流的有以下几种:

①WPF(Windows Presentation Foundation,简称 WPF):微软的新一代图形系统,运行在 NET Framework 4.0 架构下,为用户界面、2D/3D 图形、文档和媒体提供了统一的描述和操作方法,是一种新的 Web 呈现技术。WPF 利用其跨平台、跨浏览器、跨设备的特点,使用户拥有内容丰富、视觉效果

①李春娇. 大数据视阈下数字档案馆信息服务研究[D]. 山西大学,2016.

绚丽的交互式体验（Dave Thomas，2007），WPF 采用一种基于 XML 的语言来定义用户界面，这种语言被称为 XAML（Extensible Application Markup Language，可扩展应用程序标记语言），XAML 是 XML 语言的一个衍生物，是以声明方式展现构成应用程序用户界面的语言，语法基本与 XML 语言一致，专门用来设计和实现程序的用户界面。XAML 是 WPF 的外在表现形式，负责构建丰富的用户界面，并会形成一个组织良好的 XML 文档，该文档记录了用户界面的各元素属性及整体布局。由于 XAML 是基于 XML 的界面资源标记语言，所以允许用户使用 XML 技术，将界面元素（例如对话框，菜单，工具条等等）以及相关信息写入 XML 资源文件中，在程序运行时，动态载入，从而赋予了应用程序更为强大的界面处理能力。

　　WPF 解决了一个长期困扰用户界面开发人员的难题，WPF 基本上能将用户界面设计工作从功能逻辑中彻底地剥离出来（Adam Nathan，2007），这样能够使界面设计人员与开发人员彼此分开专注于各自的工作。作为 RIA 技术的一种，WPF 支持在线和离线工作，WPF 为用户提供了一套 API，WPF 程序可以是一般独立执行的 Windows 应用，也可以是分布式应用的前端。WPF 的优势有：从表现层来看，WPF 的应用程序具有丰富崭新的用户界面，甚至包括包含动画和 3D；从实现层来说，WPF 提供了一种新的控件设计哲学和新的 API，因此会实现更加具有吸引力的应用程序（Matthew MacDonald，2008），其中核心部分为 Presentation Framework 和 Presentation Core。

　　②AJAX（AsynchronousJavaScriptandXML，简称 AJAX）：一种创建交互式网页应用的网页开发技术之一。Ajax 使用 XMLHttpRequest 对象来进行异步数据传输，使用 JavaScript 脚本语言进行页面控制（赵晓丽，2007），JavaScript 是一种面向对象的脚本语言，目前已在 Internet 上广泛用于动态网页的编程。Ajax 的客户端引擎就是由 Javascript 对象组成，它介于客户端和服务器之间，成为二者之间的中介（Paul J. Deitel，2008）。这些 JavaScript 对象为 Ajax 应用程序带来了丰富的用户界面，能对用户的交互操作进行快速的响应，而无需对整个页面进行刷新，却同时提供用户所需的所有数据（陈立，2007），JavaScript 对象解释和处理用户行为是利用 XML 作为传输数据的载体，将 XMLHttpRequest 作为传输数据的执行者，在客户端引擎和服务器之间形成异步数据通信（沈丹，2007），Ajax 有一个很大优势，那就是

无须插件就可运行,因为它是完全基于浏览器的功能,只需要使用JavaScript和DHTML,因此用户在浏览器中就必须启用Javascript,否则程序无法运行。与此同时,Ajax有一个问题,就是不同的浏览器和不同的平台对于JavaScript和DHTML的支持不同,这对Ajax的广泛使用带来一定的限制。

③AdobeFlex:Flex是Adobe公司开发的,用于满足开发RIA的企业级程序,能运行于J2EE和NET平台。2004年,Macromedia(后被Adobe公司收购)发布了Flex 1.0,接着在2005年发布了Flex 1.5,之后Adobe公司分别在2006年和2008年发布了Flex 2.0和Flex 3.0,Flex应用程序框架与Ajax应用程序类似,能动态更新用户界面,能在后台发送和加载数据(汪林林,2008),Flex由ActionScript 3.0,FlashPlayer 9,FlexSDK以及FlexBuilder 3四部分构成。Flex表现层服务器为程序开发者提供了Flx类库、提供MXML和XML用于定义用户界面,提供ActionScript语言编写应用程序,并提供了Flex运行时服务。其中,ActionScript语言由Flex服务器翻译成SWF格式的客户端应用程序,在FlashPlayer中运行(陈显军,2007)。

④JavaFX:Sun公司(已被Oracle收购)在2008年12月05日发布了JavaFX技术的正式版。JavaFX编程语言是一种声明性的静态的脚本语言(Simon Morris,2009),JavaFX技术具有可以直接调用Java API的能力。JavaFXScript虽是静态类型,同样具有结构化代码、重用性和封装性的特点,如包、类、继承和单独编译和发布单元,这些特性使得使用Java技术创建和管理大型程序变为可能。JavaFX工具套件为开发者提供了创作工具,协助开发者实现丰富的用户界面。通过JavaWebStart进行JavaFX内容的部署,同时也可以通过Java插件以applet形式进行部署(唐建强,2009),JavaFX运行时将以一组扩展JNLP(Java网络加载协议)的形式存在,开发者可以在应用程序或applet的JNLP件中向相应JNLP。这允许所有应用程序共享该JavaFX运行时,为JavaFX运行时提供了一种动态升级策略。

基于技术支持角度来看,WPF获得较好的官方支持,即微软的NET开发平台,具有强大开发工具。而且,为适应将来城建档案政策的变化,为应用模式的调整奠定基础,也为将来能够无缝过渡到基于浏览器的应用,实现真正的互联网应用。系统选择WPF作为客户端开发技术来实现城市档案整理及报送系统。

二、XML 技术

XML（extentsibleMarkupLanguage）即可扩展标记语言，它与 HTML 一样，都是 SGML（StandardGeneralizedMarkupLanguage，标准通用标记语言），它是一种元标记语言，可自由扩展，与平台和编程语言无关。XML 是 Internet 环境中跨平台的，依赖于内容的技术，是当前处理结构化文档信息的有力工具。扩展标记语言 XML 是一种简单的数据存储语言，使用一系列简单的标记描述数据。XML 描述的是结构和语义，而不是格式。

在 XML 中，每个标记称为元素，用于说明该标记中存储的是什么数据。元素由一个开始标记和一个结束标记分隔，元素中包含属性、文本和子元素。元素有四种形式，根元素、父元素、子元素以及空元素。

XML 具有以下特点：①XML 对应树型结构，可以记录复杂的数据结构；②xML 将与 SGML 通用；③易于编写处理 XML 文档的程序；④XML 文档清晰易读；⑤XML 文档易于创建。

与 HTML 相比，XML 具有以下优势：①可自定义标记且自由扩展；②构建在 Unicode 之上；③受主流数据库厂商支持；④跨平台，可实现异构系统互通；⑤XML 是一个通用开放的标准；⑥易于转换成其他格式；⑦可通过样式表定制外观；⑧内容与外观分离，可根据不同场合生成不同的外观。

系统选用 XML 技术实现城建档案数据组织的描述，同时也为后续的城建档案解析工作奠定了基础。

三、WebBOS 技术

城建档案整理及报送系统是现有城建档案管理系统的有效补充，报送的城建档案数据最终要能被城建档案管理系统接收、管理及提供利用。城建档案管理系统是基于 WebBOS（Web-basedBusinessOperationSystem）平台开发实现的。WebBOS 是南京大学（地理信息科学系）在 Microsoft Net framework 上基于 ASPNet 研发，是基于 BS 体系结构，同时综合采用了多种信息技术研发的基于 Web 的业务系统支撑平台，可为不同的实际业务应用提供分布式协同工作支持，并提供基本的 GIS、工作流、多媒体、Web 报表等技术支持。WebBOS 仅需在网络中的服务器上进行安装，部署和维护成本均极低。

WebBOS 系统中主要使用了 WPF, Silverlight 和 AJAX 三种 RIA 技术。WebBOS 系统中使用 WPF 技术实现了 Tif 等 E 所不支持的图像文件的在线预览和查看功能；采用 Silverlight 技术实现了 Web 工作流引擎和图形图像在线预览及部分声像文件的在线播放功能。系统中还大量采用了 AJAX 技术以改善系统用户体验，通过使用 AJAX 技术，在用户发出请求后，页面只需部分更新即可显示服务器所返回结果，这样不仅改善了用户体验而且减少了页面数据的下载量，减轻服务器压力。

通过使用以上三种技术，并与服务器端的 Web Service 技术密切配合，达到了改善客户端体验，提升系统性能的目标。

基于 WebBOS 的城建档案管理系统已投入使用，该系统的技术特点有：①系统基于 BS（Browser/Server）架构；②基于 WebGiS 实现城建档案与空间位置的关联；③基于 Web 工作流技术把档案业务工作协同化和流程化；④支持多种数字档案文件格式；⑤丰富的档案文件查询方法；⑥Web 在线报表；⑦集成了办公自动化功能。

第二节 城市建设档案著录内容规范研究

一、城建档案的实体分类

（一）城建档案的实体分类

城建档案是围绕城市建设过程而产生的档案，城建档案的基本形成单位是"工程档案"，工程档案是城建项目进行过程中针对不同阶段或者针对不同局部的相关文件的集合，根据管理工作的需要，这些文件需要根据其内容等特点分别组卷（米芳，1992），城建档案的管理涉及五类数据实体，分别如下。

①城建项目资料：城建项目是一个计划实施或者已经实施完成的城市建设活动的简称。在这个城市建设活动从拟议、规划、建设直至竣工的实施过程中，将会产生若干城建档案的文件，所有的这些档案文件可能会以不同的方式被整理和归档，但是由于都和同样的城建项目相关，从而可以

建立相互之间的关联关系。①

②工程级档案资料:在一个城建项目的完整实施过程中,在其不同的进行阶段(如选址阶段、规划阶段、竣工阶段),需要整理产生不同性质的档案文件;此外,一个城建项目也有可能划分为若干小的工程项目,此种情况下,需要针对这些子工程项目整理档案文件。这些针对项目实施过程中的不同阶段或者针对项目的不同局部整理形成的档案作为一个完整的档案报送单元称为一个工程级档案。

③单体工程资料:一个工程级档案可能涉及多个单体工程。如一个房地产工程涉及多个单体建筑、地下管线设施、地上工程等,根据具体情况,可能需要对一个工程级档案所涉及的各单体工程予以著录。

④案卷级档案资料:案卷是若干档案文件的"容器",一个工程级档案中包含若干档案文件,这些文件在实际管理工作中都会被分门别类地整理并放置于不同的案卷之内。

⑤文件级档案资料:档案文件是城建档案中的最小管理单元。档案文件必须被置放于一个特定的案卷之中。

上述五类数据实体中"案卷资料"必须有实际的物理档案对应物(即载体,如"档案盒""图筒"等),一般情况下,数字化"文件"也有对应的物理文件(如"规划许可证""批复文件"等),但也有可能存在少部分文件没有相应的物理对应物(如"数码照片""数码录像"),"城建项目资料""工程级档案资料"以及"单项工程资料"是数字化信息系统的产物,虚拟地对应于城市建设活动中的某个"城市建设项目""阶段性工程或局部性工程""单体建筑设施",没有实际的物理档案对应物。"城建项目资料""工程级档案资料"在信息系统中的作用是据以建立不同档案数据之间的相互联系,"单体工程资料"的作用是进一步描述建设工程细节,以便于对各单体工程的有关数据进行统计分析。

(二)城建档案实体之间的联系

以上五类档案数据实体之间的联系可以简要概括如下:①一个城建项目至少包含一个工程级档案;若干工程级档案可能与同一个城建项目有关。②就一个具体的城建项目而言,如果该城建项目的实施过程只产生一个工程级档案,并且该城建项目的有关信息已经在其唯一的工程级档案中

---

①冯惠玲,张辑哲.档案学概论[M].北京:中国人民大学出版社,2006.

得到反映,也可以不再单独建立有关于该城建项目的数据记录。③一个工程级档案至少包含一个档案案卷;若干档案案卷可能与同一个工程级档案有关。④一个工程级档案可能涉及多个单体工程资料;若干单体工程资料可能同属于一个工程级档案。⑤案卷可以独立整理,案卷也可以与任何工程无关(如将专门收集的城市老照片以及历史资料整理组合成独立的案卷进行管理)。⑥一个案卷至少应该包含一个档案文件;若干档案文件可能同属于一个案卷。⑦档案文件不允许孤立存在,档案文件必属于某一个档案案卷。

二、城建档案数据实体的结构分类

根据档案管理实际情况,五类数据实体还需要进一步地予以结构区分,以满足著录不同内容城建档案的需要。

(一)城建项目

城建项目记载有关城建项目的结构化摘要信息,帮助了解项目的全貌及其实施概况。基于这一目的,城建项目的数字化信息可以采用统一结构,因此不需要做进一步区分。

(二)工程级档案的结构分类

区别于城建项目实施不同阶段档案工作的需要或者城建项目不同局部工程性质的具体特点,工程级档案可能需要著录不同的内容,根据其差异分为如下几种:①选址意见书档案;②用地规划管理档案;③工程规划管理档案;④招投标档案;⑤建设工程竣工档案;⑥竣工备案档案;⑦其他档案。

这些不同类型的工程级档案的著录内容在后文中说明。任一类型工程级档案都可能包含若干不同类型的档案案卷。工程规划管理档案和建设工程竣工档案还需要著录所包含的主要单体工程的资料。

(三)单体工程资料的结构分类

单体工程主要分为规划类单体工程和竣工类单体工程,分别对应工程级档案的工程规划管理档案和建设工程竣工档案,两类单体工程又各自根据著录项的差异可以细分为:房屋建筑、基础设施、管线设施。综合而言,单体工程的结构分类为:①规划房屋建筑;②规划基础设施;③规划管线设施;④竣工房屋建筑;⑤竣工基础设施;⑥竣工管线设施。具体著录项在后文中说明。

（四）案卷级档案的结构分类

一般情况下,案卷都以标准档案盒的方式入库上架管理。但是某些特殊档案文件是不便于置放于标准的档案盒内的,例如,聚酯薄膜图只能呈卷状置于专用的图筒中,多个视频资料可能需要存放于录像带内,等等。

不同类型的档案文件的"容器"可以看成是不同类型的"档案案卷",这些不同类型的案卷在数字化著录时,具有不同的内容要求,根据其著录内容的差异分为以下几种:①标准案卷;②照片案卷;③声像案卷;④光盘案卷;⑤一般图件案卷;⑥管线图件案卷;⑦其他案卷。

这些不同类型的案卷的著录内容在后文中说明,根据案卷类型,可能需要对其所包含的档案文件类型加以限制,如照片案卷仅限于包含图片型的档案文件;声像案卷仅限于包含声频或者实额文件。

（五）文件级档案的结构分类

绝大部分档案文件的物理存在形式是纸质文件,也有部分文件本身即以数码方式存在。综合考虑实际情况以及信息化管理的需要,不同的档案文件其著录内容存在差异,因此需要建立不同的数据结构。对文件级档案做如下区分:①标准归档文件,通常情况下,标准归档文件对应于一般的纸质文件。就新建立的档案资料来说,在整理过程中,应收集其对应的数字化版本(如*.PDF、*.DOC、*.DWF、*.XPS 等),如无法收集其原始的数字化版本,则需要用扫描方式获得其数字化版本(如针对历史档案文件而言,需逐页扫描,并把扫描产生的图片集成为 PDF 文档或者 XPS 文档);②照片文件;③声像文件;④光盘文件;⑤一般图件;⑥管线图件;⑦选址意见书;⑧用地许可证;⑨规划许可证;⑩其他文件。这些不同类型的文件的著录内容在后文中有详细说明。

三、城建档案著录内容规范化

（一）城建档案的分类体系

城建档案的分类根据目的不同,可以分为国标和自定义两类。

国标分类体系一般为树状分类体系,规定了不同类型档案对应的分类代码。一般来说,工程档案的档案号的产生是以国标分类代码为前提的,案卷档案号的产生也是以国标分类代码为前提的。

自定义分类是城建档案管理部门根据管理工作实际需要制定的有关

分类,一般是为了满足特殊的统计分析或者查询的需要:

1.工程资料分类

对城市建设工程类型所作的一个树状分类体系,如基础工程、重点工程、桥梁工程、建筑工程等。

2.管线类型分类

树状分类体系,根据管线的作用规定了不同的分类代码。

3.声像内容分类

树状分类体系,根据声像的内容规定了不同的分类代码。

4.归档文件分类

树状分类体系,对档案文件根据实际工作需要制定的分类体系。

（二）城建项目资料著录内容规范

城建项目的部分信息不属于城建档案的归档内容。在研发专门的管理信息系统时,可以根据情况建立城建项目的大事记要列表,并纳入城建档案的数据库,以便在信息化系统中追踪城建项目的主要实施情况。

（三）工程级档案资料著录内容规范

工程级档案分为七种类型,各类工程级档案的著录内容有差异,但是存在共同的部分,这些共同的部分构成基本著录项,七种不同类型的工程级档案实际上是拓展而成的,根据实际情况需要,在设计和开发专门的信息化系统时,可以在此基本著录项基础上拓展新的工程级档案类型。

（四）单体工程资料著录内容规范

在著录工程级档案时,对于"工程规划管理档案",视实际情况,需要著录其所包含的单体工程,包括"规划:房屋建筑""规划:基础设施""规划:管线设施";对于"建设工程竣工档案",视实际情况,需要著录其所包含的单体工程,包括"竣工:房屋建筑""竣工:基础设施""竣工:管线设施"。

（五）案卷级档案资料著录内容规范

案卷级档案分为七种类型,各类案卷级档案的著录内容有差异,但是存在共同的部分,这些共同的部分构成基本著录项,七种不同类型的案卷级档案实际上是在基本著录项基础上拓展而成的。根据实际情况需要,在设计和开发专门的信息化系统时,可以在此基本著录项基础上拓展新的案卷级档案类型。

(六)文件级档案资料著录内容规范

1.电子化文件和非电子化文件

在数字化管理方式下,城建档案案卷的卷内目录分为两类。那些既需要著录其结构性信息,同时需要将其电子化版本归档入库的档案文件成为"电子化文件";那些只需要著录其结构性信息,不需要收集并归档其电子化版本的文件称为"非电子化文件"。一个城建档案案卷在著录过程中,可能既需要整理一份"电子化文件"集合,也需要一份"非电子化文件"集合。

2.非电子化文件的著录内容

非电子化文件著录的主要目的是备查,其著录内容相对简单。

3.电子化档案附件的推荐格式

档案文件的整理过程中,既需要著录其结构化信息,同时还要附加上其电子化版本。对于档案文件的电子化版本,根据具体情况推荐使用下列格式之一:

①扫描文件:建议采用 AdobePDF 或者 microsotXPS

②Office 文件:建议转换成 AdobePDF 或者 MicrosoftXPS

③CAD 等图纸文件:建议转换成 AutodeskDWFx

④其他:尽可能转换成 AdobePDF 或者 MicrosoftXPS

4.各类电子化档案文件的基本著录项

电子化的档案文件分为十种类型,各类档案文件级的著录内容有差异,但是存在共同的部分,这些共同的部分构成基本著录项,十种不同类型的文件级档案实际上是在基本著录项基础上拓展而成的。根据实际情况需要,在设计和开发专门的信息化系统时,可以在此基础上拓展新的文件级档案类型。

第三节 城市建设档案整理及报送系统设计与实现

一、开发运行环境

系统集成开发工具平台为 Visual Studio.Net 2010,数据库采用SQL Server 2008,运行平台是 NET Framework 4.0,选用WPF作为RIA客户端开发技术,利用XAML标记语言标记界面布局,选用C#为编程语言。

(一)系统运行的硬件平台

系统运行需要一台服务器作为程序运行宿主,其硬件要求如下:

处理器类型:需要 PentiumⅡ兼容处理器或更高速度的处理器;

处理器速度:最低600MHz;建议lGHz或更高;

内存(RAM):最小512MB;建议1GB或更大;

操作系统的最大内存硬盘:建议80G,至少应有10~15G剩余空间;

网络采用单位内部局域网,推荐10M/100M以太网(Ethernet)。

各个客户端电脑使用常规配置即可。

(二)系统运行的软件平台

1.服务器端

操作系统:Windows Server 2008 R2 Standard Edition

数据库管理系统:SQL Server 2008 R2 Standard Edition

Web服务器:IIS 7.0或更高版本

WEBGI平台:MapGuide OS

2.客户端

操作系统:Windows XP Professional Edition SP2中文版及以上版本

浏览器:Microsoft Internet Explorer 8.0中文版(或更高版本)

二、城建档案的数据组织

(一)城建档案的数据特征

城建档案是随着城市建设活动的开展而产生的,因此城建档案一般都与具体的建设工程相关联。①

系统将城建档案数据分为工程级档案、案卷级档案和文件级档案三个级别进行管理。根据实际调查,城建档案归纳起来具有以下特征:

第一,城建档案一般以项目作为组织单位,每个项目包含若干档案案卷,每个案卷包含若干文件。

第二,案卷根据载体形式分为项目标准案卷、照片案卷、声像案卷、光盘案卷、图纸案。 第三,绝大部分情况下,项目档案以若干标准案卷的形式包装成册,入库保管,其他案卷(光盘、图纸、声像、照片等)由于其介质的特殊性,一般单独或分类组合形成专门案卷,采用专门手段进行保管。

第四,根据具体情况,档案也可以独立组卷,而不一定与某个项目相关。

第五,案卷里面的文件可能以纸张、照片、图纸、光盘、录像带等方式存在,但在以信息化手段管理时,工程资料、案卷资料以及文件资料的摘要信息均需要以结构化的方式被保存在档案数据库中,以便检索。

第六,对文件而言,如果存在电子化的副本,可以把该电子化副本原封不动保存在本系统中;在查询使用时,以其原始格式提供下载服务。

第七,系统对部分电子文件格式提供直观的展现,如图片型文件(含数码照片和纸张扫描形成的电子图片)、Shapefile 格式的 GIS 地图数据文件、SDF 格式的 GIS 地图数据文件、DWF 格式的 GIS 地图数据文件、经编码的声像文件、纯文本以及 HTML 格式的文本文件。

第八,对不同案卷,在输入电子文件附件时,系统将对文件格式进行检查,以使得文件格式与所属的案卷类型符合,具体而言:①照片案卷只能包含图片型电子文件;②声像案卷只能包含音频或者视频电子文件;③图纸案卷(又分一般图纸案卷与管线图纸案卷)只能包含 GIS 地图文件;④光盘案卷可以包含任意格式的电子文件;⑤标准案卷可以包含任意格式的电子文件。

(二)城建档案的数据组织

城建工程档案一般是通过若干案卷来描述的。偶尔一个工程的资料可能要使用多种特殊载体(如光盘、录像带、胶片等)。为便于管理和对应实际情况,大的建设工程根据需要可能会分解为若干小的工程,这些分解出来的小工程档案的数据组织需要有一定的独立性。但是这些小工程的档案数据与一个共同的大工程密切相关,这种情况下可通过建立父子工程

---

①阮桂林. 信息化城建档案管理工作探讨[J]. 城建档案,2018(04):17-18.

的关系来描述,也就是说可以把一个大工程看成是若干子工程集。因此,可以针对大工程和其子工程单独进行档案整理。一个案卷可以包含若干文件,其中文件可有不同分类,如照片、录像、地理图件、选址意见书、用地许可证、规划许可证、管线资料等。一个案卷可以是关于一个工程的有关资料,也可以是一个独立案卷。文件一般组合成案卷存放,考虑到电子档案管理比传统档案管理具有更大的灵活性,允许把某个文件归档为某个工程资料的一个部分,或者把某个文件进行独立归档,这样做的前提是在现实工作中存在这种需求。系统报送是以城建项目为基本单位,一个城建档案项目会产生很多物理文件,这些物理文件按照不同的分类方法被分到一个或多个档案盒中,档案盒对应操作系统中的"文件夹"。为便于档案管理,每一档案项目,每一档案文件夹,每一档案文件在整理和报送时都必须提取它的结构化信息以及非结构化信息(即物理文件的副本,在系统中表现为电子化附件)。XML 文件是用来预定义城建档案的数据结构信息,在 XML 文件里,定义了档案项目、档案文件夹以及档案文件的结构化信息,即 XML 文件描述了操作系统中的档案数据组织(如下图所示)。XML文件的作用类似于需要提交的档案的索引,所有归档文件的子文件夹的相对路径,作为结构化信息的一部分,都被记录在 XML 文件里。同样,档案文件夹的父子关系也作为结构化信息的一部分被记录在同样的 XML 文件里。当档案整理完毕,意味着每个档案项目文件夹下包含了有关这个档案项目的所有结构化信息和非结构化信息,在进行档案报送之前,该文件夹将被压缩形成一个压缩文件。为了保证该压缩文件的有效性,在客户端使用该压缩文件时要进行身份验证,身份验证的实现方式就是要获得一个许可文件。许可文件通过服务器端发放获得,有效保证了城建档案的安全性。同时,该许可文件在又会用作档案馆进行档案审核的有效凭证。当已报送的城建档案数据被审核通过时,系统会按照一定规则进行解析入库,并能为现有的城建档案管理系统所利用。

三、功能体系设计及实现

(一)系统功能体系设计

论文研究的城建档案整理及报送系统是基于 WPF 技术设计。系统分为表现层、应用层、数据层三层。系统通过应用层处理核心业务,其主要功能是接受用户服务请求,并与数据层进行数据交互,最后返回给客户端所需求的数据内容;表现层负责用户界面的展现及与用户的交互;数据层负责数据存储的管理和访问。由于档案整理是一个比较费时的工作,因此系统支持线下档案整理,当档案整理完毕,可通过在线报送档案。由于涉及档案的密级管理问题,因此首先获得系统的授权文件,在档案的报送时,授权文件会随同报送的档案一起发送到服务器端。服务器端通过验证该授权文件是否合法来对档案的有效性进行区别。

系统主要实现包含两大部分:①档案形成单位在获得授权文件以及相应的归档标准文件之后方可使用该系统进行档案整理及报送。档案形成单位在客户端完成城建档案收集、著录及整理工作,最后形成一个数据压缩包,并提交报送到档案保管单位。在进行档案整理的过程中,首先要遵照一定的归档标准。②档案保管部门接收到已报送的档案资料,首先通过验证授权文件的合法性对档案的真实性进行审核,通过比对归档标准对档案的完整性、真实性、规范性进行核查,通过之后按照一定规则解析入库,最终能将电子资料在现有的城建档案管理系统上管理利用。

系统用户对象有两大类:一是档案形成单位,主要负责完成档案的收集、整理以及报送;二是档案保管单位,主要负责档案的入库,保存以及管理利用。为了降低系统的复杂性使系统软件结构更清晰,整个城建档案整理及报送系统的设计采用了个性化设计思路,为用户设置不同权限,根据用户所拥有的权限,用户所能操作的系统功能也相对不同。对于档案形成单位的用户来说,系统主要可以分为系统管理、工作空间管理、项目级档案管理、文件级档案管理。而对档案保管单位的用户来说,除了拥有和档案形成单位用户一样的权限外,还可以对档案进行审核,对审核通过的档案进行解析入库以及对入库后的档案管理。

系统针对用户对象的不同设置了不同的功能。其中,报送端系统功能的核心部分为工程级档案整理、文件级档案整理、案卷级档案整理,接收端用户可借助该系统实现档案审核、解析接收以及登记功能。系统管理和工作空间管理是为辅助管理模块。工作空间管理是为了更好地从整体上管理城建档案而设计的,也可以称为工程档案集管理。

①工程级档案整理:主要负责对工程级档案进行管理,包括工程新建、工程编辑以及工程删除等,同时要对单体工程进行档案整理。

②文件级档案整理：主要负责对档案的最基本整理单元（即文件）进行整理，主要包括文件的新建、编辑、删除、查询以及相应电子化附件的管理。电子化附件格式一般包括*.PDF, *.DOC, *.DWF, *XPS, *JPG等，附件管理包括附件的上传、删除及查看。

③案卷级档案整理：该功能主要是将已整理过的档案按照不同的类型进行组卷，现分为七种类型：标准案卷、照片案卷、声像案卷、光盘案卷、一般图件案卷、管线图件案卷、其他案卷。相应类型的案卷下包含的就是该类型的文件。

④档案审核及解析入库：档案入库是指将报送的、已审核通过的档案压缩包按照一定的规则解压缩并解析入库，这里的数据库对应的是当前档案保管部门现有的城建档案管理系统数据库。入库后的档案可直接通过档案管理系统平台进行管理，其中最重要的是档案查询利用。

（二）城建档案整理功能实现

1. 工作空间管理功能的实现

工作空间管理，即工程档案集管理，是指保存在客户端、当前已经整理和正在整理的电子档案资料的集合，工作空间则是该工程档案集合在计算机上对应的存放位置。设置工作空间主要是为了将用户需要管理的工程档案集中起来管理，提高管理的效率。

2. 工程级档案整理功能的实现

工程级档案整理主要整理工程档案的基本信息，即抽象出的工程的结构化信息。工程级档案整理功能包括：著录、查看、编辑等。该功能包括的属性和方法。

3. 文件级档案整理功能的实现

文件级档案主要包括电子化文件和非电子化文件。电子化文件是指既需要著录其结构性信息，同时需要将其电子化版本归档入库的档案文件；非电子化文件是指只需要著录其结构性信息，不需要收集并归档其电子化版本的文件。

文件级档案的档案整理，包括文件结构化信息的著录、编辑、查看、删除功能，以及相应的电子化扫描件导入、导出、删除、查看功能。

按照实际工作中电子文件的分类，文件级档案可以分为十类。对于每一种文件类型，要整理著录的文件信息有差异。这里只以其中标准文件类型说明。

4.案卷级档案整理功能的实现

电子档案的组卷功能根据实际需要可以被安排由档案形成单位或者是档案保管部门完成。系统提供了七种案卷资料的整理功能,并对文件档案组卷提供了可视化的实现,用户可以方便简捷地实现案卷整理。另一方面,由于电子档案管理数据库大小的限制,必须对入库的电子档案做适当的限制。系统在组卷过程中提供电子档案的筛选过滤,对重要的电子档案(入库)、一般电子档案(可入可不入)、不入库电子档案作出过滤。组卷之后,没有被组入案卷的电子文件不进入系统数据库。

(三)城建档案解析功能实现

城建档案结构化解析入库的实现思路是:根据要报送的某项目的城建档案资料,在客户端确定项目档案著录内容、文件著录内容,文件分类体系,设计相对应的 XML 文件,于是便明确了城建档案的数据组织方式及数据的结构化信息。当城建档案提交报送时,XML 文件会随同城建档案数据一起报送到服务器端。当进行结构化解析入库时,首先解析 XML 文件,根据工程档案的结构化信息在数据库 archive_Archive_FolderGroup 表中插入一条工程档案的记录;接着通过解析 XML 文件获取案卷信息,在 archive_Archive_Folder 表中插入案卷档案的记录,并记录案卷和工程之间的关联;再通过解析 XML 文件获取文件档案信息,在 archive_ArchiveFile 表中插入文件档案的记录,并记录案卷和文件之间的关联关系。

针对不同的扩展文件,将扩展信息分别插入各个文件档案扩展表;最后扫描报送文件中的电子附件,将电子附件插入数据库中,并记录各个文件档案与电子附件之间的一对多关系。

四、系统应用效果

本研究讨论的城建档案整理及报送系统已应用于镇江市城建档案形成单位和城建档案保管部门(城建档案馆)的工作中。镇江市各城建档案形成部门利用该系统进行档案的及时收集、整理及报送,同时镇江市城建档案馆利用该系统进行档案的审核及入库,大大提高了城建档案整理工作的现代化水平和效率,也大大减轻了城建档案馆档案审核和入库的工作量,同时也提高了档案审核和入库的准确性。

（一）在报送端的应用

首先，城建档案形成部门的人员利用系统提供的完善的数据接口，可通过菜单更新归档分类，直接导入镇江市的城建档案归档标准（由城建档案馆发放），用户可直接基于该归档标准进行城建档案的整理。同时也可直接导入已有的城建档案资料。其次，对于新产生的城建档案资料，相关人员可通过系统提供的简便的著录方式，完成新数据的录入。主要包括工程级档案整理、单体工程档案整理、文件级档案整理以及电子附件的及时查看。

（二）在接收端（城建档案馆）的应用

第一，城建档案馆人员利用该系统可直接导入已报送的城建档案资料，对当前城建档案资料的真实性、规范性及完整性进行审核。

第二，城建档案馆利用该系统对报送材料进行组卷，形成案卷级档案。

第三，系统对已达要求的报送数据包进行结构化解析，最终导入到现有数据库中，实现城建档案业务自动化管理。

第四节 城市建设信息管理系统的设计与实现

一、城市工程建设信息管理系统的系统设计

（一）设计原则

根据城市工程建设信息管理系统分析结果，结合现代政务门户、业务工作流、地理信息系统技术发展趋势，通过信息技术咨询、服务、实施的经验，确定城市工程建设信息管理系统所采用的总体设计原则如下：

1.信息安全、分级管理原则

系统的设计必须遵循安全可靠性的原则，设计中应尽最大可能减少因系统故障而造成的业务无法正常进行的现象发生，如因服务器或网络故障造成用户无法访问系统。同时设计和实施中还应注重信息安全体系的建设，提高地理信息系统的整体安全性，进一步保证数据安全。

城市工程建设信息管理系统建设应综合考虑信息安全、系统应用场景

以及网络改造成本,通过规划不同信息安全域实现信息安全分级管理,实现以信息安全为基础、以业务工作为目标的总体规划思路,系统建设应坚持信息安全分级管理原则。

2.开放与可扩展性原则

系统的设计应选择开放式设计的产品或技术,满足系统间灵活的信息交互的需要,同时充分考虑产品可扩展性,满足不断发展变化的业务和技术需求,系统采用模块化、结构化设计。

3.标准化原则

系统的设计应该坚持标准化的原则,采用业界技术标准及国家技术标准,降低管理复杂度,同时坚持统一化的原则,信息系统需按统一的标准进行建库和管理。

4.经济性原则

系统设计须实用经济,应在成本最佳的前提下获得最大的经济效益和社会效益。城市工程建设信息管理系统建设是基于城建办已有的信息化建设成果,将按照总体规划资源共享的要求,充分利用已有的网络、设备、数据,系统建设应坚持利旧原则。[①]

5.整合资源原则

信息系统建设时要充分考虑数据资源融合。包括对空间数据、业务数据、档案数据等数据层的融合,对信息集成、门户权限等业务层的整合,对B/S应用层的整合。

6.集成、易用性原则

有效整合现有资源,将应用系统统一资源、统一用户管理、使各应用系统根据不同用户不同授权应用在统一平台上,系统使用方便简捷,可操作性强。

同时充分考虑系统的实用性、好用性,在界面设计上充分结合城市工程建设系统的特点,做到简单易用。

(二)总体架构设计

以工程全生命周期管理为核心实现服务、管理、监督一体化设计;以提升服务能力、提高工作效率与管理水平为目标,实现内外部服务、管理、监

---

①谢海洋,李鑫.新媒体视阈下城市记忆工程面临的问题及对策研究[J].北京档案,2016,07:36-37.

督要素全覆盖;以信息安全为基础,以业务工作目标,实现信息资源的共建、共享与分级保护;充分利用现有信息化资源,坚持"总体规划、分步实施"建设原则。

系统总体架构可以分为六个部分:

第一,基础设施层,包括网络通信、服务器等硬件设施以及操作系统、数据库等系统软件平台。

第二,数据资源层,是整个系统的数据库系统。其中包括结构化的关系数据库和非结构化的文档信息库等。主要包括GIS数据库、工程管理数据库、监察数据库、公共服务数据库、统计数据库等。

第三,公共支撑层,为系统建设提供应用支撑框架和底层通用服务,主要包括工作流平台、GIS平台、门户平台、报表平台、数据交换平台等。

第四,应用层及应用接入层,以公共支撑平台和应用构件为基础,向应用接入层的最终用户提供业务处理功能的各类应用系统,主要包括以业务工作门户作为入口的工程综合管理系统、工程监察系统、决策支撑系统、档案系统、数字会议系统,以及公共服务门户等。

第五,技术标准与管理规范保证体系,位于整个体系架构全局的一翼,是整个系统建设的基础。

第六,信息安全保障体系,位于整个体系架构全局的一翼,是信息资源中心建设的重要支柱,贯穿于整个体系架构各层的建设过程中。

公共服务门户是对外的门户网站,主要有三大功能:政务信息公开;与公众的交流互动,包括咨询、投诉、建议等;在线办事。

业务工作门户主要面向城建办各部门工作人员,提供统一的工作入口。

工程综合管理系统实现工程管理全生命周期的业务操作,包括对外服务、工程规划、自建工程申报与施工管理、行政处罚五部分内容,工程监察系统需要对工程建设实施全过程、全方位的实时动态监察,监察内容包括行政权力执行过程监察、行政权力越位执行监察、工程质量监督过程监察、自建项目办理过程监察、工程日常维护管理监察,档案管理系统能够根据建档要求与档案管理元数据规范自动归集或手动归集相关系统的数据并形成档案目录,系统支持档案入库的流程审批功能。

数据交换系统需要实现本系统内部各子系统之间(主要是实现不同安

全域之间的信息交换)以及工程系统与外部系统之间的数据交换(主要是与省、区县工程建设系统以及某市权力阳光系统)。

决策支撑系统基于 GIS 平台及工程档案数据实现工程管理不同维度的数据统计查询。

数字会议系统能够实现文字,图像,动画、高清晰视频,音频,电子文件,Internet 信息等多媒体资料生动、一体地展现给会议参加者并能够在显示设备上通过触摸方式进行书写与注释。

(三)基 础 网 络 结 构

互联网、政务内网、涉密网之间物理隔离,通过人工定时倒盘或网闸实时交换进行数据交互。在城建办大楼机房与工程监督管理处大楼机房之间拉一根光纤,联通两个大楼之间的局域网。公共服务门户部署在互联网,业务工作门户、工程综合管理系统、工程监察系统、档案管理系统、数据交换系统部署在政务内网,决策支撑系统、数字会议系统部署在涉密网。工程综合管理系统、工程监察系统通过数据交换系统与公共服务门户、决策支撑系统的数据交换为倒盘或网闸,而通过数据交换系统与市权力阳光系统及其他外部系统进行的数据交换则通过网络服务方式实现。

(四)应 用 逻 辑 结 构

城市工程建设信息管理系统综合应用计算机网络、政务门户、业务流程管理(Business Process Management,BPM)技术、3S(GIS、RS、GPS)技术、有线无线通信等多种技术,实现工程建设与工程管理全生命周期管理,服务、管理、监督一体化设计,内外部管理、服务、监督要素的全覆盖,以及信息资源共建与分级共享。

平台应用逻辑结构采用总线模式,在业务/信息总线的基础上,对领导决策、职能管理与支持、专业行政管理、专业业务管理、工程建设、社会经济各活动域所包括的部门实体,以及工程全生命周期管理、关联业务单位等进行信息化支撑。

公共服务门户除作为面向公众的信息公开与交流互动的平台外,需实现办事申请(预申请)等与服务总线及数据交换平台相关联的业务逻辑。而以服务总线与数据交换平台为支撑,工程综合管理系统及其数据库、工程监察系统及其数据库、数字档案系统及其数据库以及业务工作门户得以实现管理、服务、监督的一体化设计与要素全覆盖。同样,通过政务内网的服务总线与数据交换平台,实现了与省、区县工程建设系统以及某市权力阳光系统的数据交换。通过导盘获取城市建设工程业务数据,决策支撑系统基于GIS平台与报表平台,配合数字会议系统完成统计、分析、与规划功能。

(五)关键技术

根据城市工程建设信息管理系统的实际情况,结合系统所需技术要求,系统采用J2EE(Java 2 Platfom Entenprise Edition)技术框架作为主要应用开发框架,数据库采用Oracle,工作流平台采用Justep X5,GIS平台采用Here-3DGIS,操作系统平台采用Windows Server 2012企业版。

1.J2EE技术

J2EE是一个为大企业主机级的计算类型而设计的Java平台,包含许多组件,主要可简化且规范应用系统的开发与部署,进而提高可移植性、安全与再用价值。J2EE核心是一组技术规范与指南,其中所包含的各类组件、服务架构及技术层次,均有共同的标准及规格,让各种依循J2EE架构的不同平台之间,存在良好的兼容性,J2EE为搭建具有可伸缩性、灵活性、易维护性的商务系统提供了良好的机制,支持把一些通用的、很烦琐的服务端任务交给中间供应商去完成,这样开发人员可以集中精力在如何创建商业逻辑上,相应地缩短了开发时间。可以提供的中间件服务包括:状态管理服务、持续性服务、分布式共享数据对象服务。

2.SSH框架

SSH是Struts+Spring+Hibemate的一个集成框架,是比较流行的一种Web应用程序开源框架。SSH框架的系统从职责上分为四层:表示层、业务逻辑层、数据持久层和域模块层,以帮助开发人员在短期内搭建结构清晰、可复用性好、维护方便的Web应用程序。其中使用Struts作为系统的整体基础架构,负责MVC的分离,在stmuts框架的模型部分,控制业务跳转,利用Hibernate框架对持久层提供支持,Spring做管理,管理Struts和hibernate.SSH框架基本业务流程是:在表示层中,首先通过JSP页面实现交互界面,负责接收请求(Request)和传送响应(Response),然后Struts根据配置文件(struts-configxml)将ActionServlet接收到的Request委派给相应的Action处理。在业务层中,管理服务组件的SpringloC容器负责向Action提供业务模型(Model)组件和该组件的协作对象数据处理(DAO)组件完成业务逻辑,并提供事务处理、缓冲池等容器组件以提升系统性能和保证数据的完整性。

而在持久层中,则依赖于 Hibernate 的对象化映射和数据库交互,处理 DAO 组件请求的数据,并返回处理结果。

采用 SSH 框架,不仅实现了视图、控制器与模型的彻底分离,而且还实现了业务逻辑层与持久层的分离。这样无论前端如何变化,模型层只需很少的改动,并且数据库的变化也不会对前端有所影响,大大提高了系统的可复用性。而且由于不同层之间耦合度小,有利于团队成员并行工作,大大提高了开发效率。

3.数据库技术

数据库技术是现代计算机信息系统和计算机应用系统的基础和核心。数据库系统管理着绝大部分业务数据,同时也是被访问操作最频繁的系统,数据库产品应该满足以下需求:

①必须具备稳定、可靠和良好的可伸缩性

②具有可靠的数据库安全性控制机制

③简单、统一的数据库管理平台

④具有备份恢复和远程容灾的能力,能够保证数据的安全;

⑤具有自动存储管理的能力,能够专门针对数据库的文件系统和物理卷的存储管理功能;

⑥具有企业级分布式处理技术能力,能够实现真正的企业级数据共享;

⑦具有查询优化能力,能够提高应用性能;

⑧具有安全控制能力,能够支持 C2 级以上安全标准,提供角色机制及多级安全控制。

根据以上要求,系统采用 Oralce 数据库系统。

4.工作流引擎

工作流引擎是指 workflow(工作流)作为应用系统的一部分,并为之提供对各应用系统有决定作用的根据角色、分工和条件的不同决定信息传递路由、内容等级等核心解决方案。

工作流引擎是用来驱动工作按既定流程的执行,即根据工作流程定义中设定的规则、条件来判断流程执行的方向。工作流引擎最常见用于审批流程中,复杂繁多的业务流程如果采用ifelse实现那将是崩溃的,代码不可维护,业务流程在代码中可读性很差,工作流引擎就是把业务场景抽象为标准流程图,把流程图丢到流程引擎中按流程定义约定逐步流转,很显然扩展性和业务可描述性会好很多,所以工作流引擎主要用于解决复杂的业务。

Justep X5 Studio是业界公认的工作流快速开发平台,提供完全可视化、组件化开发环境,具备工作流、组织机构和权限、复杂图表和报表、丰富的业务规则定制能力,以及各种浏览器环境下的复杂业务展现和交互支持。X5采用纯BS、SOA和云架构,支持所有PC、平板和移动设备,根据信息管理系统的实际情况,采用Justep X5(或SynchroFlow)进行业务工作流的开发。

5.GIS技术

IT技术的发展是GIS软件技术的强大驱动力,面向服务架构已经成为当前主要的软件工程方法。因此首先GIS技术的最重要的趋势是"服务化",即以服务的方式,提供全面的GIS功能,并围绕GIS平台提供的服务来面向企业或者公众构建GIS的应用到。

服务化的GIS有三个重要的趋势:

第一,服务全面化,不仅仅能够通过服务提供基本的查询,浏览等传统WebGIS实现的GIS功能,能够通过地址编码,空间分析,数据编辑处理,网络分析,公交换乘等网络服务,以及基于这些基础服务开发专业的服务,如空间分析模型,位置服务等;

第二,服务标准化,为了实现各种服务的集成应用,也为了实现异构平台服务的共享与互操作,以满足应用系统开发的需求,服务标准化已经越来越受重视。

第三,终端多样化,服务只有通过终端才能展现出来,能够展现服务的客户端也不再局限于浏览器,多终端的类型包括浏览器、富客户端、移动终端以及胖客户端。其中富客户端技术Here-3DGIS平台提供了二三维一体化解决方案,可支持丰富的GIS源数据,同时提供源代码层面的技术支撑服务。为用户提供一个可伸缩的,全面的GIS平台。

Here-3DGISDesktop是一个集成了众多高级GIS应用的软件套件,它包含了一套带有用户界面组件的Windows桌面应用。Here-3DGISDesktop

具有三种以上功能级别,可以使用各自软件包中包含的 Here-3DGISDesktop 开发包进行客户化和扩展。Here-3DGIS 服务器产品符合信息技术的标准规范,可以和其他企业级的软件完美的合作,例如 Web 服务器,数据库管理系统(DBMS)以及企业级的应用开发框架包括 NET 和 JAVA2 企业级平台(J2EE)。这促使了 GIS 和其他大量的信息系统技术的整合,Here-3DGIS 提供了一套应用于 Here-3DGISDesktop 应用框架之外(例如三维城市工程模型数据导入和物联网数据集成)的嵌入式 Here-3DGIS 组件,使用 Here-3DGISEngine,开发者在 C++,COM,NET 和 Java 环境中使用简单的接口获取任意 GIS 功能的组合来构建专门的 GIS 应用解决方案。开发者通过 Here-3DGIS 构建完整的客户化应用或者在现存的应用中(例如微软的 Word 或者 Excel)嵌入 GIS 逻辑来部署定制的 GIS 应用,为多个用户分发面向 GIS 的解决方案,根据信息管理系统的实际情况,采用 Here-3DGIS 进行 GIS 功能模块的开发。

6.XML 技术

XML 是由 W3C 于 1998 年 2 月发布的一种标准,它是一种数据交换格式,允许在不同的系统或应用程序之间交换数据,通过一种网络化的处理机构来遍历数据,每个网络节点存储或处理数据并且将结果传输给相邻的节点。它是一组用于设计数据格式和结构的规则和方法,易于生成便于不同的计算机和应用程序读取的数据文件。

XML 是一种使用标记来标记内容以传输信息的简单方法,标记用于界定内容,而 XML 的语法允许自行定义任意复杂度的结构,可以通过使用可扩充标记集提供文档内容的更准确说明,使用标准化语法来验证文档内容,使用户与应用程序之间文件交换更容易。

7.Web Service 技术

Web Service 是一个平台独立的,低耦合的,自包含的、基于可编程的 web 的应用程序,可使用开放的 XML(标准通用标记语言下的一个子集)标准来描述、发布、发现、协调和配置这些应用程序,用于开发分布式的互操作的应用程序。Web Service 技术,能使得运行在不同机器上的不同应用无须借助附加的、专门的第三方软件或硬件,就可相互交换数据或集成,依据 Web Service 规范实施的应用之间,无论它们所使用的语言、平台或内部协议是什么,都可以相互交换数据。Web Service 是自描述、自包含的可用网络模块,可以执行具体的业务功能。Web Service也很容易部署,因为它们基于一些常规的产业标准以及已有的一些技术,诸如标准通用标记语言下的子集XML、HTTP、Web Service减少了应用接口的花费。

Web Service为整个企业甚至多个组织之间的业务流程的集成提供了一个通用机制。

Web Service具有以下特点:

①良好的封装性;

②松散耦合;

③协议规范;

④高度可集成能力。

(六)数据库设计

城市工程建设信息管理系统数据库建设主要需要实现全市工程建设基础信息数据库的管理、更新与维护,解决数据共享与互联互通的问题。

1.建设思路

城市工程建设信息管理系统数据库建设的总体目标是建设城建办数据中心,通过数据库技术实现数据的复制与共享,未来可以扩展到县一级数据中心。

数据库建设主要通过接口的方式实现数据的共享与调用。

系统的接口要求主要有两种,一种是对外提供资料的输出接口,一种是收集外部系统资料的输入接口。从本系统的基本建设要求来看,所有子系统的数据都将汇入到数据中心平台上,数据存在同一个数据库中。

由于数据是来自不同的子系统,因此对于数据的提取和输出功能在子系统中已经完成,所以本系统的接口应该从子系统与本系统、本系统与数据中心之间的数据连接要求上进行考虑。

2.数据库组成

在数据库群中,将数据库分为工程业务数据库、工程数据库、空间数据库等。

3.数据建库与维护

在数据建库中,应达到以下要求:

第一,要求采用数据分散存储、集中管理、高度共享的数据技术,透明的分布数据资源定位,统一的数据访问层,无须指定物理位置。

第二,要求提高用户对信息资源的利用率和利用深度,提高应急部门的整体工作业绩。

第三,要求实现对系统涉及的所有地理空间框架数据以及系统业务数据的建库和管理功。

第四,要求有明确合理的应急管理相关数据的分类及实施方案。

第五,要求良好的数据展示功能,强劲的并发服务和负载平衡,优秀的数据访问性能。要求有严格合理高效的数据整合技术方案。

数据质量保证主要依靠检验系统和对数据的成果随机抽查的方式保证,需要完成:

第一,数据完整性的检查。

第二,数据的逻辑一致性检查。

第三,业务数据质量检查。

由于各类不同业务数据,具体要求是不同的,业务数据质量检查需要在具体实施中制定相应的检查规范。

历史数据维护包括历史档案数据电子化与建档,工程规划数据初始化,已许可工程地址标注,市电子政务平台相关数据迁移。其中对纸质历史档案及规划数据的数字化需遵循纸质档案数字化技术规范。

数据建设由各级城建部门按照职责分工,组织信息需求分析,并按照统一的编码格式进行数据梳理,形成各类基础数据库,为应急数据处理奠定基础。同时,重点需要考虑建立合理的数据更新和维护机制,按"谁负责,谁维护"的方式,尽量保证数据的及时和准确性。

数据建库、清理、整合对数据而言,是一个时间点上的具体工程,只能解决到工程建设时期为止的数据问题,不能为数据的趋势性、完整性等提供一种长效机制,因此不能保证数据的生命力。为了使数据工程成果最大限度地发挥其效能,为工程建设系统提供可靠而翔实的基础支撑,必须建立数据动态更新机制,并将该机制落实到日常工作中,确保数据随时更新。

第一,谁生产谁负责机制。城建部门业务数据主要来源于日常工作之中,具体的每项数据产生于不同的部门和不同的业务系统之中。这就需要对应的业务部门负责对本业务相关的数据进行更新,同时保证相应数据的准确性。

第二,数据关联机制。城市工程建设信息管理业务的内部关联性必定存在。当执行一次业务数据更新操作时,需要为业务相关的数据提供更新消息或设置更新标志。使关联数据在调用时,确保调用的是最新的数据。

第三,数据集中管理机制。城市工程建设信息管理系统的数据库管理各部门的业务数据,数据资源共享、对外数据提供可视化配置。在有相关权限的基础上,实现数据的集中管理和访问。

空间数据库采用面向对象的空间数据模型,通过空间数据库引擎和传统的大型关系型数据库,建立空间数据库,将各种电子地图数据和相关信息存储到空间数据库中,实现真正意义上的统一管理。这样不但可以方便存储和管理,还可以使用各种基于地理信息数据库的应用更加易于实现。

空间数据库包括两大类:一是基础地理数据库,包括行政区划图,水系图,居民地分布图,地形,信息点,交通等,这些数据主要作为背景地图;二是城市工程建设专题数据,包括建设工程、重点目标、工程警报、专业队伍等信息专题图层。

二、城市工程建设信息管理系统的系统实现

根据前面系统设计的要求,系统逻辑结构包括八个子系统,如下图5-1示。

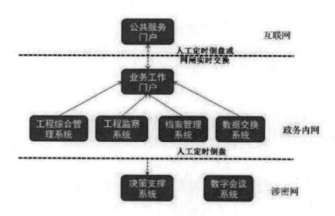

图5-1 系统逻辑结构图

互联网、政务内网、涉密网之间物理隔离,通过人工定时倒盘或网闸实

时交换进行数据交互。在城建办大楼机房与工程监督管理处大楼机房之间拉一根光纤,联通两个大楼之间的局域网。公共服务门户部署在互联网,业务工作门户、工程综合管理系统、工程监察系统、档案管理系统、数据交换系统部署在政务内网,决策支撑系统、数字会议系统部署在涉密网。工程综合管理系统、工程监察系统通过数据交换系统与公共服务门户、决策支撑系统的数据交换为倒盘或网闸,而通过数据交换系统与市权力阳光系统及其他外部系统进行的数据交换则通过网络服务方式实现。

八个子系统中,业务工作门户和数据交换系统需要新建,也是整个系统中最核心的模块。业务工作门户主要面向内部工作人员,提供统一的工作入口,系统功能包括用户组织管理、身份权限管理、待办任务、流程定义、系统参数管理。

一方面,业务工作门户需要对面向公众的公共服务门户提供接口;另一方面,业务工作门户需调用工程综合管理系统、工程监察系统、档案管理系统和数据交换系统相关接口。由数据交换系统完成各个子系统之间的数据交换。

业务工作门户采用 J2EE 开发语言和技术平台,使用主流的 SSH 框架技术,数据库使用 Oracle,Web 服务器采用 Tomcat,数据交换采用 XML 和 Web Service 技术。下面重点介绍业务工作门户的代码实现过程。

（一）开发环境与配置

1.运行环境与开发工具

开发环境配置:Struts+Hibemate4.0+Tomcat7.0+Oracle12C

操作系统:Windows7 以上版本

开发工具:Eclipse4.4

虚拟机:SUNJDK18

WEB 应用服务器:Tomcat7.0

所用数据库:Oracle12C

配置:为 Tomcat 配置、为 Struts 配置、为 web.xml 配置、为 Struts 配置、为 Hibernate 配置

（二）部分功能详细设计

因篇幅有限，在此不能逐一介绍每个模块的具体实现，下面介绍一下业务管理模块中的业务审批的设计实现。

业务审批模块的主要功能：根据用户选择的审批类型，显示业务办理页面；把用户输入的业务申请表信息保存到数据库中；提供用户业务审批查询页面；通过用户输入的查询条件，去数据库中进行查询，并把查询结果显示在页面上。

1. 显示层和控制层（表示层）的实现

本系统使用Struts框架来实现表示层的开发。Stuts框架是一个实现了MVC模式的表示层开发框架，它主要实现的是控制器和视图部分。

应用Struts框架的业务审批模块的整体流程，如：具体实现业务申请模块的主要文件包括：BizApplyMng.nsp、BizApplyEdit.nsp、BizApplyMnAction类、BizApplyEditAction类、BizApplyMngForm类、BizApplyEditForm类、BizApplyQry类、BizApplyEdit类。

BizApplyMngjip和BizApplyEditisp分别是业务申请办理页面和业务审批提交页面。

BizApplyMngAction类和BizApplyEditAction类是Struts框架中Action组件的实现，实现对业务申请中的申请和修改请求的控制和转发。BizApplyMngForm类和BizApplyEditFom类是一个comBean，用于传递业务申请类型和业务申请表信息页面表单中的数据。

BizApplyQry类和BizApplyEdit类是实现业务申请查询和业务申请提交的一个业务逻辑类。

2. 数据层的实现

Hibernate的查询机制包括：①CriteriaQuery；②Hibemate Query Language（HQL）；③SQL Criteria提供了更加符合面向对象编程模式的查询封装模式。不过，HQL提供了更加强大的功能，在官方开发手册中，也将HQL作为推荐的查询模式。相对Criteria，HQL提供了更接近传统SQL语句的查询语法，也提供了全面的特性。

（三）数据交换

业务工作门户主要面向内部工作人员，提供统一的工作入口，在系统各类业务办理过程中，需要与其他子系统进行数据交换，本系统数据交换统一采用 XML 数据格式,下面以业务工作门户与工程监察子系统中的办件和行政执法为例说明数据交换过程。

1.数据格式

系统首先制定一些规范,如日期与时间格式,日期格式统一为 yyyy-MM-dd;时间格式统一为 yyyy-MM-ddHH.mm:ss。

字符串长度,在数据库中,每个中文字符及全角符号占两位,英文字符及半角符号占一位,以 VARCHAR2(50)为例,只能容纳 50 个英文字符或 25 个中文字符;部门编码应参照全市统一编码。

业务申请中办件表格 XML 信息,将申请表格中的关键数据抽取出来并组成 XML 信息,格式如下:(对应的是 infapply 表中的 form 字段;infpunish 表中的 form 字段)

```
<?  xmlversion="1.0"encoding="GBK"?  >
<FORMDATA>
<DATA>
<KEY>key</KEY>
<NAME>NAMEI</NAME>
<VALUE>VALUEI</VALUE>
</DATA>
</FORMDATA>
```

在 FORMDATA 中,申请表格中的每项数据都应组成一个 DATA,因此 DATA 应有一个或多个,其中 KEY 代表了该数据的英文名称,NAME 代表了该数据的中文名称,VALUE 代表了该数据的值。

文书信息,格式如下:(对应的是 infapply 表中的 stuff 字段 infapplyprocess 表中的 ATTACHMENT 字段 infpunish 表中的 stuff 字段,infpunishprocess 表中的 ATTACHMENT 字段)

```
<?  xmlversion="1.0"encoding="GBK"?  >
<DOCUMENTDATA>
<DOCUMENT>
<DOCUMENTID>documentid/DOCUMENTID>
<DOCUMENT_NAME>documentname</DOCUMENT_NAME>
<FILE_NAME>filename</FILE_NAME>
```

<FILE_CONTENT>CDATAL.JK/FILE_CONTENT>

</DOCUMENT>

</DOCUMENTDATA>

在 DOCUMENTDATA 中,每个文书都是一个 DOCUMENT。其中 DOCUMENT_ID 代表了该文书的编号,如:许可证编号、批复文件编号等;DOCUMENT_NAME 代表了该文书的名称,如:规划许可证、立项批复等;FILE_NAME 代表了该文书的计算机文件名,文件后缀名应准确说明该文件的格式类型,如:DOC、PDF、JPG、TXT、ZIP 等;FILE_CONTENT 中,应将文书的原文件内容以 base64 进行编码,放入 CDATA 的中括号中,原文件应采用通用文件格式,图片文件使用 jpg 或 gif 等压缩格式。原则上每个文书文件不应超过2M,而每个文书信息的 xml 不应超过 10M。

对于比较大的文档,可以放在前置机的硬盘上,以 p 的方式公开出来,然后在文件内容的部分将 p 的连接填入其中。接入单位预先应将用户名、密码、p 地址、端口上报上来,然后在 xml 中,按照此格式填写对应的路径:<FILE_CONTENT>FTP.…</FILE_CONTENT>,假设文件存放在 p 根目录下,文件名为 e.doc,则应填<FILECONTENT>FTP:/e.doc</FILECONTENT>。

对原数据上报标准中的结果信息进行更详细的收集,一是对结果文书中的关键信息进行结构化录入,二是需要将正式结果文书(证照)的影印件上传。结果信息 XML 举例说明如下:(对应的是 infapplyresult 表中的 ATTACHMENT 字段 infpunishresult 表中的 ATTACHMENT 字段)

<? xmlversion="1.0"encoding="GBK"? >

<RESULTINFO>

<DATA>

<ORGID>发证部门编码(例:JS010000JW)</ORGID>

<ORGNAME>发证部门名称(例:市住建委)</ORGNAME>

<ITEM_ID>工程项目编号<ITEM_ID>

<ITEMNAME>项目名称(例:来风街一号项目建筑施工)<ITEMNAME>

<STATUS>证照的状态(生效、注销等)</STATUS>

<FINISHTIME>证照有效时间</FINISHTIME><APPROVE_TIME>发证时间</APPROVE_TIME>

</DATA>

<DOCUMENTDATA>

<DOCUVMENT>（结果文书之一）

<DOCUMENT_ID>文书编号（例：宁建许准决字004-1（2010）268号）

</DOCUMENT_ID>

<DOCUMENT_NAME>文书名称（例：施工许可证）</DOCU-MENT_NAME>

<FILENAE>影印文件名1</FILENAE>

<FILECONTENT>CDATA〔·J（正式施工许可证的影印件第一页）

<FILECONTENT>

<FILE_NAVE>电子文件名2-/FILE_NAE>

<FILE_CONTENT>CDATA〔…J（正式施工许可证的影印件第二页）

<FILECONTENT>

</DOCUMENT>

</DOCUMENTDATA>

</RESULTINFO>

说明：时间格式：yyyy-mm-dd。结果文书可以有多份。但同一份文件的多个影印文件应在同一个<DOCUMENT>中，file_content中，应将结果文书的正式版本进行扫描或拍照后用JPG或GIF格式保存，以base64进行编码。放入CDATA的中括号中，原则上每个影印文件不应超过200K，而每个文书信息的xm1不应超过10M。

2.接口设计

业务工作门户在业务审批流程中，需要通过接口访问工程监察子系统中的行政执法数据，工程监察子系统需要提供相应的访问接口。该接口需要在原有工程监察子系统基础上。

通过Webdevice技术来实现。下面以业务申请过程工程监察子系统提供的行政执法数据访问接口Jus_AdminLE类为例描述接口设计。

第六章 基于BIM的城市建设档案归档管理

第一节 BIM模型归档管理的理论基础

首先提到归档管理不得不提出对应的工程文件档案归档办法的现状,目前无论是设计模型,还是施工照片,以及对应的各类文书档案,全部采用纸质归档,归档之后在进行电子化。我们将档案按照目前所有的类别进行分类,最后可以发现,无论是招投标文件信息或是施工模型或是最后的竣工模型包括我们研究的BIM模型等。全部落到了打印出来的纸张,统一可以归类为文书档案。以下为现状归档管理的理论基础数据。[①]

一、档案管理的分类及检索

(一)工程文书档案管理

1.库存管理

目前,在城市中有专门的负责工程档案的管理部门,各个建设工程项目相应的文档资料也会通过这些部门整体的采用库存管理的方式进行保存与存储。库存管理广泛意义上指的是将文件收集并进行初步的整理,按照其类别或范围进行区分后直接存储进库房。当库房容量达到极限后进行更迭,按照存放的日期及文件重要程度进行"清库存"的操作,将较为靠前以及相对重要程度低的文件进行集中销毁,销毁文件的位置及空间再进行重新编码分类。才可以将后续的文件资料进行存储。该种存储方法较为原始,且容易丢失宝贵的资料并且太过占用人力物力等资源空间,并且对于档案后续的检索与使用等操作均较为不便。

2.移交档案管理

移交档案管理是指土地管理的相关机关将要求移交范围内的文书类

---

①徐拥军.档案记忆观:21世纪档案学理论的新范式[J].山西档案,2017(4):5-12.

档案的复印件进行处理,在处理完毕后,将材料立卷归档,最终移交给国家对应的机关档案管理部门,从而使得文件材料从收集整理阶段经过处理收集归档等一系列的操作后,过渡到档案保管阶段的工作。对应的条文法规要求移交档案工作进行的时候,监管部门应严格把关。先核查案卷相符程度,其次检查案卷质量,移交时要填写移交单(一式三份),写明案卷总数、移交人、接收人、移交日期等。经交换签字后,互相留底。依照北京市的地方规程《建筑工程资料管理》(DB11/T 695—2009)来讲,这本规程里的相关法规规定的已经比之前要求的具体的管理概念规定降低了不少,许多档案管理方法也多了许多,需要移交的工程档案项目也有所缩减]。可大量的工程资料如果不被移交。其中可能具备价值的流程中的档案便会被丢失。目前管理条例中规定。未被移交的档案资料都会被储存在相应的施工建设档案中,但难免会有相应的资料不在对应的管理范围之内,当下大部分企业内部的档案场所及环境设施较为简陋,方法规定相对不完善,而按照规定的移交过程势必会造成相应的文件遗漏、损坏现象。留存的重要档案没有被妥善管理,对日后工作无法起到积极作用,也难以发挥其重要的指导意义,损失令人心痛。

3.缩微原档案,硬盘存储

现在最新型的档案管理技术便是缩微技术。该项技术指的是将档案的相关内容进行电子化处理后通过缩微进行存放,例如将项目效果图缩微到一定比例的感光胶片上、把相关的档案文件缩微到电子硬盘里等,从而压缩存储的空间。此技术的引入与纸质档案存储相比,将所涉猎的文档都储存在硬盘中,可以节省存储档案的空间。但问题是,假如通过电子技术缩微后,我们消除已经存储在电子设备当中的原纸质档案,的确会令库房存储面积大大节省。但该项方法最终的成果——硬盘,它的数量还是会越来越多,对应的检索也会越来越不方便。综上所述,这种缩微的存放技术的存在,在相应的经济过程中起到了积极作用,但还是不能最大化减少库存以及即查即用。

(二)工程电子档案管理

工程电子档案管理的方法经过了解,如按照信息管理理论来进行区分。那么这种信息技术可以大致被分为结构化、非结构化和半结构化三种。

第一种是所谓结构化信息,就是可以将全部信息拆解为若干个互相关联的信息。各个构成部分之间的相对层次比较合理,依据对应的数据库实施管理,且有相应的操作规范,交易、生产、业务等信息都在信息化方面要求能达到结构化管理,所以这三类情况均属于相应的结构化信息。

第二种是非结构化信息,也就是无法数字化的信息,那些信息又大部分恰好是相对具有价值的信息,所以其生成量正在以成倍的速度在增加。目前许多行业也开始使用这一部分所对应的信息技术,于是衍生出了下面的第三种。

第三种也就是半结构化信息,将信息进行机构化处理,在固有的数据库或表格中,保存所需要的基本信息:工号、姓名、性别、出生日期等。然后将这类信息存放至存储空间内,可以进行相应的信息化处理,以便于在电脑层面及时使用。其实也就是只要字段能对应的,就可以快速查找修改存储,但其没有应用平台。

人为操作占大部分,所以这种技术被称为是半结构化,结构化信息和非结构化信息是信息世界的两个表象。各自有其对应的应用特点和规律,而在信息世界中,这两种信息紧密相关无法抽离,通过以上管理方法我们可以发现:两个信息世界之间能够对接的桥梁相对较少,导致组织的整体信息与局部信息的仍然分离,没有办法在适当的时间,及时地将需要的对应的信息传送给有需求的人。

结构化信息和非结构化信息的分离不仅体现在相应的工作领域,但就调查了解到,相关档案资料的信息化标准化的流程管理中档案用户需要的是全面的信息,而且最好是智能加工的信息,但目前归档技术的数据资料都是非结构化的二维文档、图纸、照片和音视频等。即使经过了相应的自动抽取、标引、著录,在一定的基础上也不能满足半结构化信息的理念要求,不能满足社会智能化的需求。而尝试通过BIM这一领域进行构想的归档管理最为有价值之处,便是在于不但能够将信息技术归档,也不将其进行统筹的管理并且进行应用。

二、BIM 及 BIM 模型归档

(一)BIM 的定义

BIM其实就是利用数字模型对建筑项目进行设计、施工和运营的过程,是为建设项目从概念到落地的全生命周期中的所有决策提供可靠依据的过程,已经不单单是通过类文直接进行翻译的建筑信息模型,而是可以宽泛地理解成为整个建筑信息间的研究领域。这个领域包含了模型及各种数据的相关信息。

（二）BIM模型归档

BIM模型在特指的是其在BIM的领域下的相关建模软件所出具的模型。而针对BIM模型的归档则应该是指模型与相关联的各类过程中信息和纸质资料等相关数据的一并归档过程。研究的是将整个建设工程中的各项数据及相关资料的关联与整合工作。将BIM模型归档管理的特征如下:

1.可视性

BIM施工技术之中的可视化水平。与普通可视化不同,BIM的相关档案资料的信息化标准化的流程管理、施工技术可视化水平要比一般的高。其还包含物理信息、功能信息,BIM模型可以将所需信息提取出。

2.优化性与模拟性

在建筑工程项目中。BIM的相关档案资料的信息化标准化的流程管理在开展模拟实验时,对于整体的运维等项目是十分有帮助的,如节能、紧急疏散等等。对招标及实际施工时,BIM的相关档案资料的信息化标准化的流程管理同样有助于工程的动态模拟,辅助项目顺利可以顺利进行。除此之外。运用BIM模型相关的技术资料及档案管理资料依据,利用现有的模拟实现的碰撞概念。可以最大限度地实现完善工程图纸。

3.协调性

协调性指的是BIM模型与相关档案资料的协调。在具体施工前,本着便利方便的原则,通过实验将有关的BIM的相关模型信息融入设计中。这一做法能够很好地节约构图的时间成本。将建筑工程的主体利用BIM技术展示出来,扩展相应的BIM模型的相关档案资料查询及对应的流程管理。

三、BIM模型归档管理的理论依据

万丈高楼非平地而起,所以若想要完成BIM模型与档案管理的紧密结合与研究。必须打好基础,基础对应的其实就是理论的依据,而依据对于模型及归档来说就可以说是规范及管理条例,只有规范及管理条例这些理论依据作为支撑,才能做好后续的研究。其中较为重要的BIM模型的核验标准及设计规范经过调查可以发现在国家和建筑行业的层面上,已经出台了一系列的相关依据。如《建筑机电工程BIM构建库技术标准》《建筑幕墙工程BIM实施标准》《建筑装饰装修工程BIM实施标准》《建筑信息模型应用统一标准》等一系列相关的技术信息理论依据规范,相关可依据的规范与标准之后我们坚信会不断地进行更新出台。而目前对于BIM模型归档管理的理论依据主要为参照二维数据信息的归档管理方式作为支撑。

第一,其分类应该按照工程各阶段与各建筑专业间的不同进行划分(参照原有CAD模型分类方式)。首先是对于工程建设的设计阶段大致应分为施工图与竣工图阶段、施工图阶段又应按照不可避免的修改工作分为初始施工图及各施工变更节点设计图。最后才是竣工图。这一系列的阶段最终串联出整体模型从初始到优化过程到竣工模型的全过程。在这些过程中把握住两大过程。也就是施工图与竣工图阶段。在此两阶段下在进行详细分类。模型设计分类可以参照AUTOCAD进行分类,也就是建筑专业、结构专业、水暖专业、电力专业、如涉及热力也可在后续进行添加。总的来说就是通过工程设计阶段,再依仗AUTOCAD的专业分类下进行分类。

第二,其关联可参考二维CAD设计图纸的关联性,但BIM模型可以做到将模型所携带各项数据信息通过建立后台数据库,从而在一个模型上整合呈现。从而进行关联。

第三,其存储现状为通过建设模型使得各项数据信息得以三维呈现后进行简单的电子类文档存储。模型与运算过程及运算结果等电子文档分类存档,但其可以通过建立族库和对应数据库使得模型与电子文档类档案一并归档于同一模型中之后进行模型存储。

第四,BIM模型检索可以依靠创立检索引擎或关键字进行检索,也可以通过前期构建的族库进行对应构件类别的检索。

目前,国内外不断地开展这一相关技术的理论依据出台标准,也在不断开考相关的BIM信息化建设依据,最大限度实现相关政策的规划。根据现在市场需求的概念及其相关理论依据,规范的各项模型标准会很快地成长起来并能够得以广泛应用(其中包含模型核验标准等)。

第二节 BIM模型归档管理现状及问题

一、BIM模型归档管理的现状

(一)BIM模型归档软件应用现状

BIM起源于国外,国内的大规模运用还是要依据相应的法律法规标准化流程。审批与管理配套过程这些程序化的依据文件。需要档案工作者引起重视与关注。在法律法规层面的信息改变以及标准格式化信息体系,这其中的格式信息编码已经起到了相应的决定性作用,实现了整个信息的话语控制权。动态协同的进程项目文档管理系统、建设BIM环境文档管理等变得更加重要。BIM的运用和更新是大趋势大方向。给文档归档管理带来了新的视角与挑战。因此,档案资料的相关的资讯管理的档案行业,已经开始清楚目前面临的问题与挑战。很多企业(如广联达等)已经开发企业级的整体管理平台。针对BIM在施工中的模拟性建设出设计与施工有联系的管理平台。现状市面上百分之九十的企业仅仅是应用简单的电子存储,真正意义的模型归档管理软件还未出现。经调查了解到相关文件资料大多应用fice等间接软件体系分类存放,而模型的保存也仅依靠模型设计工具本身如ever.cad等及一些文档图形处理软件如office.scan等。从而给模型的检索与使用、模型的关联带来不便,电子文档资料与模型资料互相之间并不能有序结合。

(二)BIM模型归档的常用方法

现有BIM模型归档大多数的做法为将模型类似于老式的CAD图纸电子版文件直接将其存入U盘,既不转换格式,也不对其中数据内容进行详细处理。仅作为电子文件存储。这种做法无法实时更新。更谈不上及时读取运用,与后期工程施工运维脱节。仅能做到传统意义的"存档即归档"。但在目前新时代信息化的前提下,应做到归档与管理相关服务的关系）。因 CAD 到 BIM 可以说是二维到三维的转变。所以目前归档管理方面值得重视的是 BIM 的可视化等延伸功能。如果在项目实施过程中档案人员利用对应软件查看相关的建设内容及图纸,并不只是单独将纸质竣工图进行归档。则脱离原有施工图的管理范围。各阶段工程中的 BIM 模型可成为重要的信息依据和载体,在建筑工程信息领域的电子认证以及法律责任等问题中,都可以起到重要作用。[①]

二、现有 BIM 模型及工程资料归档管理的问题

调查显示:欧洲大约 85% 的工程技术已经全部采用 BIM 联动控制,中国的上海、北京、深圳等一线城市已经不断开始使用 BIM 进行工程设计与相应的档案联动管理。在这一基础上,我们不难看出 BIM 技术的模型档案和竣工相关材料两者密切联动的逻辑关系,城建档案项目、信息资料与BIM 竣工模型三者之间的关联规范,各类档案资料上传管理制度需明确后才能进行。经过分析调研:传统的 BIM 模型及相关资料存档方式,其存档方式大体为单向传输。

而这种存储模式其主要问题表现在:目前的档案资料诸多。档案资料分类管理,分类存放,是将所有资料的数据项目数据名称,分类保管在不同的存档硬件中,或是统一存放在固定的存档硬件中。这种保存方法给现在的档案资料带来了一定的问题。例如后续档案的提检,更新以及归整手续都极为不便、烦琐。不仅增加了大量工作时长,而且出具出的成果性文件间的逻辑关系也没有办法得到体现和衔接,更不用谈及联动。我们结合实地调查。走访多家建设施工企业可得出现有各阶段大体工作步骤。

目前为整体项目从设计阶段到运维阶段的大致过程。于档案管理阶段。目前各大公司还是在应用传统档案资料的管理,结合 DA/T 28—2002国家重大建设项目文件归档相关要求去进行档案整理规范及档案案卷进行相应的整理。资料归档周期较长。主要大致分类组卷装订。资料主要按照建设单位、单项工程、单位工程、分部分项、层层之间进行分类研究,有的案卷涉及几个专业,有的综合性资料和专业施工资料没分开。对档案资料的实际需求,制定档案资料份数,只是为了应付检查。项目正式竣工

---

①薛光,赵玉兰,刘静主编. 城市建设与档案管理[M]. 海口:南方出版社,2018.

后,工程技术资料人员将相关的技术资料进行装订,移交到公司技术档案室。这一重点档案整理好后,按照规定日期进行填写规范及清单,最后经过审核签字后,移交归档。报送相关自留的公司工程技术档案的案卷进行保存。这一案卷的数据管理多数还是静态的,无法更改的,互相之间没有关联,致使管理周期短且有局限性。

(一)管理逻辑的问题

管理的逻辑关系问题目前由于BIM模型及相对应的工程资料在归档上无法结合目前最新的三维联动的技术信息资源。更无法成功实现现代化的"工程建设进度与电子档案同步""电子档案资料与BIM数据同步""工程档案归档与BIM数据归档同步""BIM数据归档与BIM资源应用同步"。而这些同步恰巧是能对于管理逻辑关系的梳理,通过这些同步才有可能建立形成完整、完善、科学的BIM模型及档案归档、管理创新的逻辑思维模式。但目前其管理逻辑的问题主要表现在:

1.传统资料信息数据管理

经过了系统一定的自动抽取、标引、著录之后。无法对结构化数据进行存储,同时智能程度过低,无法实现自动或半自动化的信息分析、提取、统计、汇集等功能,不能满足用户的需要。现有存档建设项目竣工档案资料文件、竣工图都是二维状态(电子文件为扫描件)。项目的相关内容。四散在多份文件或图纸中,各个信息间关联度较低、集成化缺失。导致相关过程的管理及相关对象的管理没有逻辑性可言。相比之下,BIM模型归档管理实现的平台有全结构化数据支持,能够真正将有价值的信息全部归档,进行联动管理,提高管理逻辑关系从而实现智能化。

2.传统信息技术档案资料管理

很显然无法实时进行档案信息的反馈,系统关联信息的收集过于滞后,无法实现对实时状况进行反映。而之后我们的BIM技术能够与现代的工程技术实时衔接后,就可以真正实现有管理逻辑的文档一体化、实时归档的系统模式。

在BIM模型三维可视化的基础上,其实我们能做到在模型的各个位置或各个构件之上,可以及时查看该模型的修改完善过程或是该构件的数据信息。例如对应的混凝土型号,厂家,入厂日期,校验许可等纸质资料,而目前在查看模型时我们仅仅能看到该模型的简单信息,其对应的纸质信息及工程数据我们无法对应关联。没有办法形成及时的管理上的逻辑关联。

(二)管理周期的问题

针对管理周期目前经由调查我们发现现状的档案资料管理与BIM技术的档案资料管理如下:

1.传统档案资料的静态管理

基本建设工程档案资料指的是建设项目从酝酿、决策到建设过程的全部资料,这里面包含项目上的概念化设计,《建筑工程资料管理规程JGJ/T185-2009》明确要求了应确保档案的完整性、准确。而现在大部分公司内部需要归档的文件仅要求为最终版竣工文件。《建设项目档案管理细则规定》要求了资料室保管的文件、资料的范围要求和周期性归档的要求。按照要求未来实际操作中应该管理BIM模型的生成方式。

因设计图纸可能与现场施工出现不同从而修改图纸进而形成竣工图,现有管理模式仅仅是将竣工图纸加以保存,而其中过程性文件与相对应的修改意见及依据无法进行保存。那么使用者无法查看其流程及依据使得相应的存档过程并不是全生命周期归档。仅仅是竣工模型的归档管理。那么在模型不断优化和更改的流程在档案管理时便无法呈现,在运维管理阶段对于当时为什么修改,修改的算量究竟是多少,优化过程等方面会全都查无对症。那么这种竣工模型的传统归档的意义对于管理工作而言就变得少之又少,管理周期大大缩减。以至于只是简单的阶段性管理。

2.BIM模型与档案动静态无衔接

通过对现有传统工程档案及BIM模型归档管理的方式对比我们能发现,现有档案管理系统的管理受制于周期的局限,仅仅还是对相关文件及数据采用扫描成为电子文件从而进行存储的方式进行管理查看,也就可以理解为是静态的。而BIM的相关软件在建模设计及运行时是动态的,会通过不断地修改不停地读写,产生及时的动态数据,那么BIM模型档案也就可以理解为是动态的。那么在建设项目设计,施工、竣工、审查等相关的项目生命周期,由BIM模型在设计或运行模拟的过程中产生的动态资料和现场的档案资料两者间无法形成紧密的联系,与建设工程档案的形成以及相应的管理业务相分离,无法满足各个周期对档案管理的需要,更谈不上在现场与信息的及时密切关联,模型档案与文书档案间因对于BIM模型归档管理的方法导致管理周期间形成问题无法令模型实体与对应的信息相结合,不便于进行指导与沟通。

第三节 BIM模型归档管理问题之原因分析

本节着重对于造成BIM模型归档管理现状出现的两个问题加以分析,以便引导出具体原因,方能提出具体的对策。

一、管理逻辑问题成因分析

在National BIM Report 2019一文中作者David Bain针对BIM模型在设计阶段与竣工阶段大相径庭,在查看设计变更及施工变更中查询不到原因开展了专项调查。该项调查针对目前BIM模型为什么从设计阶段到竣工阶段不能形成通顺路径,其实也就是针对BIM归档模型中的管理逻辑不清,钩稽关系混乱等问题的真正成因进行调查。由此调查可见BIM模型在归档管理应用的过程中形成不了逻辑,导致BIM归档管理只停留在部分阶段的层面,大部分从业人员认为是因为缺乏各方数据的归档标准及管理规范,导致目前的信息无法形成交互、对接。对接接口及数据因标准规范不统一,导致设计、施工等阶段互相之间逻辑关系因此欠缺,无法进行有序联系,因此必须制定新的标准以适应行业的发展。[①]

其基本成因归根结底还是因为现有规范及行业标准不充足,或相对应的标准太为广泛不明确,大多是各类信息化规范标准内或多或少有提及,需要不断拼凑和叠加,其内容也不全面。没有对应的规范和标准进行明确的阐述,让从业者有法可依。

二、管理周期问题成因分析

现有BIM模型归档管理的工作一般只存在于竣工阶段,也就是将其竣工模型及相关资料简单存储后加以保管,对于后期的利用也通常是用于审查,但BIM模型的优势应可以实时地进行数据更新,以及在更新中可以大大减少工程中的出错率,但目前对于模型的管理只存在于管理竣工阶段,

---

① 加小双,徐拥军. 中国"城市记忆"理论与实践述评[J]. 档案学研究,2014(1):22-32.

使得利用BIM模型的优势大大减少的成因是什么,在McGraw Hill公司对于涉及BIM工作的各个项目的档案管理负责人的调查中显示(调查内容为为什么BIM模型的归档工作只存在于竣工阶段)。

由此调查可发现相关档案从业人员认为其管理周期短且较为滞后的原因大比率可以归纳为BIM模型档案归档技术上的缺陷以及目前BIM模型归档的管理体系缺失。若想实现全生命周期管理,应在设计、施工、竣工、审查等生命周期阶段等基础上协同进行开展。事实上就是指在各不同系统的集成模型上进行二次重组搭建。在信息化的角度"系统"是与"平台"相互制约互相联系组成的,不同功能软件与"平台"之间依靠"数据"连接。那么这一庞大数据的高效存储技术与管理技术及相对应的复杂业务流程管理体系,将作为整个项目系统集成的关键。

(一)BIM模型的档案归档技术缺陷

针对现状的归档问题是设计工程的项目规模体量一般较大,基础的RVT源数据文件也较大,想要得到项目中的专业信息(名称、类型、尺寸、坐标、颜色、材质等)与对应的专业模型需要通过revit设计软件。所以计划选用XML文件,能够通过BIM三维综合信息系统读取XML格式数据的信息(包含名称、类型、尺寸、颜色、材质、坐标等等)呈现给工程设计人员,以便于相关人员进行专业设计数据信息的查询,也可以方便校审和纠错。在布局中发现BIM技术的档案归档中存在一定的技术缺陷。例如:第一,遵循传统城建档案与BIM档案并存或互补的,项目虽然应用了BIM技术。但短期内无法通过相关软件或平台全部接收BIM档案。第二,完全应用BIM技术的,项目中各子项较多,不同分包公司也多,从而导致各个公司的BIM模型不统一,由于当下归档范围及归档格式具体标准还没有统一规范。不同软件形成的模型所携带的各项数据信息也均不同,在归档之时没法按照统一的流程步骤进行归档。但由于BIM技术可以携带所有城建档案及相关数据,那么只有当最基本的BIM归档模型的建模精度以及携带信息的深度应形成统一,才能进行后续操作。

(二)BIM模型归档管理体系不完善

现阶段,BIM模型归档的时候需求主要体现在其模型所承载的数据一并归档,而该归档体系目前还没有一个很好的参考,同时,设计模型的技术要求、归档的业务流程等,需要通过多次的实践、改善,这需要一定的时间。管理体系的不完善主要体现在于建设项目中各项基础数据所使用的GIS软件、BIM模型与GIS模型及图斑的可视化管理体系不够完善。在可视化管理时将各类BIM模型文件生成的原有特定格式模型,通过3D技术转换到新类型的图上,将会对具体项目与GIS的关联度产生直接影响,从而影响到将来的全生命周期的管理。而BIM模型归档管理体系具有业务复杂程度高、用户角色和数量多、数据体量庞大、工作界面繁多、信息系统参建方多等特点,后续章节研究的通过构建平台从而实现的BIM技术的项目协同管理,对于当下管理周期的问题具有非常重要的现实意义。

对于管理的逻辑性而言,现状BIM的数据若想形成管理逻辑闭环,则牵扯到建设项目中的所有环节,更与各部门、岗位、角色、信息密切相关,那么就需要各参与方共同遵守的约定也就是标准,但参与方不同,角色不同,使用的有效数据和提供的有效数据就存在差异。所以所缺失的标准才是管理逻辑问题的主要成因。

对于目前的管理周期问题则是因为BIM模型的归档技术以及管理体系的缺失,所涉及BIM的各系统和数据信息自成方圆,虽然各管理节点间皆有业务往来,但就整体性而言,没有一个整体的信息系统也就是可以搭载这些信息的框架,将所涉及的信息数据统筹规划管理。以建设项目管理中的合同管理、信息管理为例,其管理的内容都有其对应的数据信息,且各节点间的业务关系密不可分。但是若落实到企业的实际工作中,各节点都有其特有技术和管理平台去运行。若想实现全生命周期管理,则需要弥补BIM模型归档中的技术缺陷(归档的方式方法等)以及通过一个体系或者框架去建立对应健全的管理机制。

经过分析调查,我们不难得出:

第一,目前对于管理逻辑问题的主要成因是对应的标准及规范尚无统一可实施的有效明文规定。

第二,管理周期问题对应的成因则主要是目前对于BIM模型的归档技术存在缺陷,其对应的管理体系也不够充分。

第四节 BIM 模型归档管理对策及平台构建

一、对策

对于相关问题的原因分析后,基于目前的城建档案信息规范可以和 BIM 模型的归档工作(具体包括 BIM 档案管理规范、电子文件源数据规范、电子文件及数字档案鉴定规范),参照着 BIM 在国内应用较好的几个案例,给出相应的对策建议。从成因分析决定主要从以下三个方面入手:BIM 模型管理体系及标准体系的建立,建设 BIM 协同管理档案数据信息集成平台以及建立健全工程技术档案管理体系。

(一)BIM 模型管理体系及标准的建立

经调查,北京银河 SOHO 这一新概念性的建筑在建设之时便处于 BIM 应用初期,其对应的规范及标准是通过当时现有 BIM 模型管理与归档规范进行总结,充分借鉴了国家 BIM 标准、其他省市 BIM 标准、部分企业 BIM 实施标准的基础,借鉴国外的社会公认的 BIM 技术应用成果,开展了适合他们建造的 BIM 实施标准体系建设研究工作。当时该项目部负责人通过商议编制,与北规院形成了初版的设计和施工《BIM 普及应用指引》,之后更是结合了相应的国外 BIM 标准的发展现状,参考其已经基于完善的 BIM 标准体系。配套编撰多项详细的企业级标准及对应的管理体系。

所以我们不难发现,其实 BIM 模型的标准就是实施准则,目的是有效地提高 BIM 模型归档管理项目实施的规范性,从而做到逻辑清晰、条理分明,对于标准及规范的缺失,我们首先应制定适合的 BIM 模型的标准体系以及 BIM 模型档案归档管理的标准。

BIM 技术具有高度整合信息的功能,应充分考虑将 BIM 数据库与档案基础数据库进行高度整合及二者之间的逻辑关系,建立基于城建档案的管理体系,主要内容为:

1.面向对象的管理标准

在 BIM 技术的城建档案的接收移交标准、归档范围的基础上,综合 GIS、云数据等技术,将大数据、GIS 地图等等进行结合,创造与现有档案流程管理相结合的信息化管理平台。三维信息和城建档案资料利用平台接收与管理,从而形成管理的标准与手段。①

2.BIM技术的城建档案收集管理标准

BIM技术的城建档案收集管理应建立对应的过渡期,将收集整理中发生的无法预估的问题进行整合,从而出具相对应的逐步更新的原则,随着问题不断地产生,出具对应的解决办法,确保相关工作的有序进行。

3.要求BIM模型数据信息归档的及时性及管理路径

硬性规定各阶段模型归档的数据信息必须及时规范,并且符合管理要求。BIM模型条件下的档案信息归档规范是一个全新的工程档案规范,目前尚无定论。

需要逐步完善,经过完善之后,使之正式成为标准。在此基础上,力争获得规划、建设主管部门的支持,向专业标准迈进。BIM的相关档案资料的信息化标准化的流程管理皆是信息管理工作的重心,全部的信息数据管理有关联,涉及多项内容,如下:准备阶段产生的信息、计划阶段使用的信息、工程施工掌握的信息等,施工质量检验信息、核查信息、信息总结也是BIM技术运用在相关的信息管理的重要体现。工程测绘所有阶段、科学合理地进行工作,同时测绘质量也有所提升。另外,应该不断地增强自身综合素质,工作经验总结,审查过后,进行工作,保证测绘工程,正常达标。在测绘工作进行过程中,测量好反常数据,统一结果,测绘数据具备优秀的可信度,合理性及科学性。

归档标准的缺失则应根据归档范围首先制定BIM归档的模型深度标准与归档类别标准,在对归档的模型格式进行统一要求后,要求所收集的城建档案资料应符合归档格式。

第一,初步研究归档的BIM模型包括:规划模型(LOD100),设计模型(LOD200),施工模型(LOD300)和竣工模型(LOD400)

第二,建立BIM模型归档类别标准:通过对国内外BIM模型类别标准的了解,目前暂定IFC标准作为归档标准,因为该类标准在对原格式文件及轻量化文件可以进行同步归档,可以满足管理逻辑形成闭环的基础目标。

---

①陈勇,廖琼,崔葳. 智慧城市背景下我国智慧档案馆建设研究[J]. 中国档案研,2018
(01):237-249.

（二）优化工程技术档案管理操作体系

由于BIM模型的三维可视性,可以与其各项资料关联性整体得到提升,所以目前我们计划着手于优化整个操作体系,从而达到弥补现状BIM模型归档技术的缺陷性。所以应将归档的技术与展示的技术与BIM模型的三维可视化相结合。首先便是空间系统及对应视点展示以及其具体关联的界面设计。之后通过对应的归档步骤及相关技术,才可以实现归档技术整体的完善。

1.空间系统优化

系统加载的NWC和XML三维模型数据信息,虚拟定义出空间的功能空间的顶标高、底标高、空间区域、和空间名称,进行空间设计,以对话框的形式提供相关内容,并将其内容保留在空间中即时展示。

2.空间视点功能的细化

（1）设计内容

NWC和XML三维模型数据信息经系统加载,空间数量较多,漫游的方式空间设施系统操作相对比较耗时,节点可以与空间试点功能绑定,并控制相关设施系统。应注意在树立节点的时候,绑定过空间视点,定位系统的相关功能。

（2）界面设计

在系统界面的视点进行分区目录,调节信息显示区BIM信息模型的位置及视角,试点目录中分区目录保存视点,可前后调整其位置且保存。

（三）建设BIM协同管理档案数据信息集成平台

在对应管理体系这一部分我们可以参照中国尊这个项目,它作为北京市最高的地标建筑,其建筑体量巨大。从该项目建设初期到最终竣工,其各个专业深化设计的BIM模型共计约600余个,其全施工过程模型的存储总容量超700GB,最终的整体大楼的综合模型已经达35.4GB,之后其通过建设的专业数据信息集成管理平台,模拟开展分区模型综合协调19轮,发现解决模型问题达5600余处,其中协调专业间矛盾超过900处,该项工作有效地提升了深化设计图纸质量,做到了查便能查到出处,找便能找到对应。

而后在运维阶段进行调度与分析的强大信息模型也同时创建。整个楼宇的安保控制、能耗等数据要素均被整合进信息模型,从而做到了实际上的全生命周期管理,以及各子项间的逻辑衔接清晰。从根本上实现管理周期的闭环,环环不落。从该案例我们不难看出其对于管理周期做到的优秀之处。

由此案例我们可以看出,BIM 技术信息的构建应体现在建筑工程的各个环节中,在确保工程质量的基本条件、服务性能功能的前提下,尽可能地开展极具多样性与繁杂性等流程。BIM 模型的相关档案资料流程管理信息有着不同的作用与功能,可以自动变化,构建出完整的建筑工程模型。

但 BIM 模型归档管理体系的整体复杂程度高,各生命周期阶段的所有业务功能应都属于 BIM 协同管理平台的架构,并分别与各生命周期阶段相应的需求进行匹配验证;而后,开发 BIM 协同管理档案数据信息集成平台,在三端为客户提供服务(Web&PC&手机移动端)。通过用户权限,根据用户需求分配不同的权限和功能,实现 BIM 的施工数据的统一存储,并达到不同业务的过程协同和不同用户角色的工作协同的目的。BIM 模型归档管理技术运用在建筑工程信息管理工作当中的好处就是可以大幅度通过核算及演练操作降低成本支出。具体体现在:

第一,碰撞检查,以免返工。BIM 技术在三维透明化中体现显落,利用 BIM 技术完成碰撞核查,内部设计体系进行整合,相关工作人员在碰撞整个的帮助下生成最佳方案,开展后续工程的交底及操作工作,保质保量,在建筑工程管理者的沟通与合作中起到积极的促进作用。

第二,参照三维,展示推广。三维对人产生巨大的视觉冲击,使人们感受更加直观。利用 BIM 技术构建的相关模型,以二次模型建立为基础,突出三维空间直观的效果,提升工程中的工作效率性与及时性,实现工程的推广,为全生命周期管理提供更多的可能性。决策相关的管理工作,保证其权威性,减少成本,提高综合效益。

通过建设此平台系统架构的归档技术方可实现真正意义上的全生命周期管理。预计开发的平台应该应用到利用 Web Service 技术与 GIS 软件,但目前业内还没有一款 GIS 软件说可以良好支持各类 BIM 模型文件,能够将基于 3D 技术的原有特定格式模型进行转化后呈现在自己的地图上 GIS 的关联度非常大,能否与 GIS 结合,将来可视化的管理的重要支撑。通过对 GIS 软件深入的研究,确定 BIM 模型与 GIS 结合的方式和可行性。那就是将 NWC 和 XML 进行数据系统设计,通过相关模块(平台、空间管理、信息查询模块)进行集成,就可以真正地做到将 BIM 技术与 GIS 技术运用在建筑工程信息管理中。

综上所述,为实现以上对策,平台搭建的必要性已经显而易见,如下为平台构建的具体方向和思路。

二、平台构建

由于建设期项目管理具有业务复杂程度高、用户角色和数量多、数据体量庞大、工作界面繁多、信息系统参建方多等特点,目前社会研究的 BIM 技术的项目协同管理,为对策的落地具有非常重要的现实意义。

首先,从业务视角由浅入深的分层次梳理施工过程以全过程计算为建筑生命周期:设计、施工、竣工、审查等生命周期阶段的所有业务功能和工作界面,力求做到在建设阶段项目实现相关管理功能,例进度管理、质量管理、安全管理、计量支付管理、项目 OA 等等从数据到业务的协同,争取在数据资源共享的基础上实现协同管理。

其次,考虑建筑生命周期:设计、施工、竣工、审查等生命周期阶段的所有业务功能,针对 BIM 技术的城建档案相关标准,相关单位所建立的 BIM 归档模型建模程度必须统一,我们想要项目管理上云端则必须运用"互联网+"思维。

将各机构间的协调机制进行重构,通过前文论述,决定此平台应用相应的国际 IFC 标准作为对应的规范,并将其相关条例作为归档标准,操作中对原格式文件及轻量化文件进行同步归档,满足模型文件服务。这条路径我认为是可以借鉴并且作为对应的技术路线进行研究和开发的,现有城建档案管理工作的开展现状是从档案的接收、保管和利用几个方面出发,将解决逻辑问题以及管理周期的问题设为探究方向,研究相关成因如何与 BIM 技术深度融合。

(一)BIM 模型设计与核验标准

BIM 模型设计与核验标准主要表现在三个方面。

1.归档模型标准化

通过 BIM 技术建立的三维模型,这是整个生命周期的核心数据,建筑全生命周期的各个阶段被营运及创立,包含了工程相关信息,而这些相关信息是构成城建项目竣工验收的不可或缺的一部分。由此可见搭建BIM的接收存储和应用平台,是实现三维模型标准化第一目标。那么当前最为重要的就是设立综合档案工作的标准,主要体现在三个方面的标准化:

第一,数据接口标准化。BIM模型归档管理的发展作为档案的保管的途径,在未来任何时候,都要以正确的方式再现。由于相关的产品的数据不同、格式不同、数据时间的限制,城建单位档案相关管理部门使用软件不同,数据接收标准不同,我们应该通过可行的方式去收取95%以上主流软件格式。

第二,模型深度标准化。BIM模型包括建筑、结构、机电等专业的信息,具体应用时,不同环境下特定的需要来决定模型的深度,与此同时档案管理信息必须符合城建档案的要求。若不对模型的深度标准进行严格的规范化管理,建设单位交付的模混杂,将不会利于城建档案规范化管理。在此基础上必须进行归档模型深度的标准化,打造智慧化档案管理平台B。

第三,逻辑层次标准化。BIM模型中对象都是相互联系的,便于可以对模型的内容评估及分析,且形成相应的文档及图形。如相应的管理程序中其中一个对象产生变化,那么所关联的信息也同步更新。于模型交付阶段,即可以实现信息共享,各类信息之间也会存在严密的逻辑关系。所以应通过设定归档数据的逻辑标准,建立高效的逻辑关系时。

2.数字信息集成化

中心数据库模型是BIM技术共享信息的方式,能够支撑数据表达及信息传输平面、立面、剖面图等等二维图纸的表达方式,音频、动画、照片等三维方式图纸的表达等。我们应率先使用信息化建设,而关于多元化的数字信息,个人认为通过多元化的数字信息进行集成才能实现结构化的IFC模型数据及非结构化的数据读取、存储、提取、集成和扩展,乃至后续属性集及术语管理与BIM模型创建和转换功能。

(二)BIM模型管理平台整合与数据库标准

档案的适用对象繁多,其中政府主要在审评领域进行应用,档案馆内部基于职责范围开展工作,企业也有其独特需求,根据不同需求进行应用。应对不同对象需求进行调研、总结和分析,开放网络区分权限,为各个需求提供量身打造的功能。

1.BIM技术的档案管理平台需要进行高度整合

应该形成独立的档案集成管理平台。该平台既要IFC标准特定软件的协同工作高度融合,又要模块之间相对独立,IFC标准是对建筑物全面、最详细的规范。为了达成融合又彼此独立的特点,应通过IFC型数据之间档案数据和模型数据进行对接。

2.BIM技术的城建档案数据库的标准

BIM技术的城建档案数据库标准,保证城建档案信息规范和共享,当中技术性标准包含建筑技术标准、数据储存压缩标准、数据加密算法标准、互联网数据等概念。

第一,完善BIM模型轻量化优化及扩展。BIM的相关档案资料的信息化标准化的流程管理自主研发的轻量化引擎实现针对IFC模型完成轻量化处理,主要表现在两个方面:一是轻量化模型的提取和压缩、二是轻量化模型的加载和使用。

轻量化转换是基于相应的引擎转换,形成的图元数据和模型结构化数据,图元数据以相应的数据形式保存。本文主要以简单的Techuicalschool-curentmrvt(大小18.7兆,压缩rar后大小:12.6兆)作为样例。将revit中该模型的每个涉及面点的构建作为一个Theejs里的一个mesh文件转出来的jeon模型大小为30.9兆,压缩rar后大小约为2.5兆,我们可以发现jason格式大小放大了近两倍。但是压缩后文件却只有2.5兆,通过改变服务器的压缩方式可以实现的轻量化模型。过程中将refit模型中的每一个solid作为Three.js里的一个Mesh.转出来的jeon大小已经减小。

模型结构化数据在相应的数据关系中实现后期数据的检索和利用。而模型的轻量化加载和使用,指的是利用WebGL技术将轻量化后的BIM模型在Web页面中进行展示。

根据BIM的相关档案资料的信息化标准化的流程管理以及业务功能,实现控制功能、模型构件属性的自定义功能、基于相应的建筑模型的标准以及标注实现相应的功能等。

第二,BIM归档数据框架结构设计与构建。根据对BIM模型的相关档案资料的信息化标准化的流程管理数据范围的定义,建立初步的BIM模型的归档数据框架结构(归档模型)。

第三,BIM归档数据的内部关联。BIM模型的相关档案资料的信息化标准化的流程管理需要利用BIM档案数据智能关联技术,实现BIM模型归档数据自动化智能关联,主要的操作流程:利相应的BIM建模标准进行相应的标准化处理,使得BIM模型实现与外部关联挂接的数据要求;同时实现工程档案数据标准中的流水段、工序等内容进行编制;BIM模型的相关档案资料的信息化标准化的流程管理核心是——内部算法,这一内部算法可以实现BIM模型构件、工作集与外部数据的完成智能化关联,实现相应的自定义功能,自动关联挂接的外部数据进行调BIM归档模型的关联性设计。

第四,将工程档案数据全部结构化处理。BIM模型的相关档案资料的信息化标准化的流程管理这一理念中相应档案数据全结构化是平台数据的主要结构之一,传统工程档案大多是通过非结构化的电子文件或半结构化的著录信息,这一传统的档案化的管理流程在真正落实到数据利用和统计分析方面并不具备相应的优势,全部的结构化标准也是未来智慧城市的基础数据来源。我们应根据相应的档案编制,实现相应的工程档案的数据,进而进行结构化处理。但由于相应的结构化的文件本身就比较多,全结构化数据量也是非常巨大的,所以应在相应的关系型数据库+大数据NoSQL数据库相结合,这一方式能够解决全结构档案资料数据存储的难题,以便于实现全球的数据的有效可利用。

第五,实现工程档案电子文件相流转。首先通过对BIM模型的相关档案资料的信息化标准化的流程管理标准规范进行分析,建立工程档案编制工作流体系,根据工作流体系对相关工作流转进行自定义。BIM模型的相关档案资料的信息化标准化的流程管理在相应的平台流转后,进入交互流转过程,通过电子签章技术,最后形成工程档案。这样工程档案电子文件流转就具备了非常强的灵活性,操作者可依据相应的档案数据资料对各种业务流转的设计,以满足相应的平台扩展的需要。

第六,BIM模型档案的利用与展示。通过前面的技术准备作为基础,现在的BIM模型的相关档案资料的信息化标准化的流程管理模型是工程档案数据的中心枢纽。利用BIM模型可视化的特点,将档案的模型管理实现不同方式的转换。通过轻量化引擎实现轻量BIM模型的加载展示,建立相应的三维立体感知:研发BIM模型构件级,进一步实现相应的展示功能,通过在BIM模型上直接点选择建立单位工程、楼层、构件集、构件,将与

BIM的相关档案资料的信息化标准化的流程管理工程档案数据进行有序化的分类,最终以分类的形式向大众进行展示,包括传统工程档案电子文件相关浏览、查阅以及相应的结构化数,以BIM模型构件属性的方式直接展示、在线查阅、CAD图纸直观可视的功能。同时对所有的工程档案数据在可视化基础上实现了对工程档案数据的有效统计,实现相应的掌控及分析。

三、BIM模型管理平台的实例分析

（一）项目背景

实际试用项目是国内城市地下综合管廊BIM设计项目。该项目含有市行政办公区公用建筑部分,生活配套中心和整片区规划。北京城市副中心地下城市综合管廊项目是目前现有地下管廊最复杂的项目之一,为国家重点项目工程,建设场地位于北京城市副中心行政办公区地下及通州区规划155平方公里内。北京城市副中心城市综合管廊项目作为课题研究起点、试点项目,该项目包括多层多仓相组合的复杂结构,入廊管线包括所有涉及基础设施建设及运维的多种管线,其工艺复杂程度及管理难度皆面临着巨大的挑战,该项目也代表着未来城市综合管廊的发展方向。通过对综合管廊工程BIM竣工模型的归档、接收、保管及利用工作进行实践,从中积累实战经验,即可以完善现有档案管理中的不足,同时为BIM模型归档整个流程提供宝贵的实际操作经验资料。将档案管理与BIM模型紧密结合,促进档案信息数据永久存储的实施,探索城市BIM档案管理与应用工作的新模式。

（二）试行平台介绍及必要性分析

根据北京城市副中心地下城市综合管廊技术项目,相关设计人员,提供各个专业施工图的原始DWG格式数据(结构、排水、强弱电等),利用第三方refit软件,数据中每个图元的设计数据信息进行处理方便生成RVT数据。配合搭建的信息查询功能能够很方便地进行设计校审和纠错,从而在施工过程之前进行建造预演,提前发现和解决问题,减少资源浪费。预计此BIM三维综合信息在档案管理系统平台搭建完成后通过不断使用,伴随着不断完善相应操作流程,可以使得应用深度不断拓展,从而从对BIM模型的档案管理应用到相适应的招投标、立项、预算报批、消防审批、施工许

可、工程验收和城建档案等环节的管理机制,简化审批流程,提高工程质量和办公效率。

基于北京地下城市综合管廊技术项目规模庞大,所以 RVT 源数据文件也比较大。通过处理后可得到项目中建筑、结构、给排水、暖通、动力及强弱电专业包含坐标、类型、名称这些 nsc 格式数据模型和 XML 文件。

单专业 NWC 数据格式通过 BIM 三维综合信息系统获取 XML 格式数据信息,包括材料的信息,构件的尺寸等,然后进行集成,最后形成完整的三维信息模型呈现给工程设计人员,可以对应模型展示出来各类数据信息的查询,方便校审和纠错。

(三)模型查看方式分析

通过 BIM 三维综合信息系统平台,加载地下综合管廊 BIM 三维模型数据信息进行项目应用,集成了项目的生产指挥中心、动力中心及联合工房几个子项,包含了各个子项的结构、给排水、建筑、强弱电、暖通、动力六个专业,总 i18 个 BIM 信息模型。在平台界面鼠标单击选择旋钮,进入到筛选模式,鼠标点击空白处则取消选择;点击平移,进入平移模式,进行三维数据场景的平移操作;系统也可以进入旋转模式;点击漫游,系统进入漫游模式,当前场景可得到俯视和仰视效果。

(四)架构分析

搭建框架完成后,再根据相应的管理目标以及相应的管理标准(具体的流程包含 BIM 模型轻量化技术实现、BIM 的相关档案资料的信息化标准化的流程管理的设计以及构建标准),从而实现全面的技术化管理,实现工程档案电子文件流转技术,实现探索 BIM 可视化相应的创新技术研究。

如果能够通过对 BIM 模型轻量化技术的所生成的文件进行相应的档案管理,并扩展相应的业务场景,我们之后就可以根据 BIM 归档数据的范围,构建相应的 BIM 归档数据构架体系,建造全过程 BIM 的相关档案资料的信息化标准化的流程管理,并针对 BIM 工程档案,结合相应的文书档案基础,实现全面的档案利用标准以及决策基础理念研究。在此基础之上后续就可以更好地维护与研发。

所以在架构上,本平台预计采用 MVC2 分层架构设计。BIM 的相关档案资料的信息化标准化的流程管理多端应用融合,实现了从相应的信息化建筑的相关的档案编制基础,实现相应的流转、签审、收集、管理、存储、利用全流程的应用。

(五)整合信息流程搭建

在BIM众多系统统一协调使用过程当中,如果想要实现异类系统能够辅助整体运行,那么必须建立在Web Service的通用协议的基础上,如XML,WSDL,UDD系统、对象模型和编程语言的选择时,将Web Service技术运用在大型数据信息系统集成项目中。具体整合信息的流程开始是由相关设计人员零散原始DWG格式数据,通过第三方refit设计软件形成各构件的数据信息,从而生成RVT数据格式(此步骤对计算机的硬件性能要求较高)。包含各类具体材质信息的NWC格式数据经过轻量化处理后,生成相应的XML格式数据模型(这两种数据格式文件相对小,普通计算机就能够平稳运行)。通过网页支持技术进行对XML格式数据信息的读取XML,之后再通过对应的材质数据等信息集成专业NWC数据格式,整合成为新的三维信息模型,利用可视化的优点展现给相关工作人员,便于他们设计校审和纠错。

四、场景管理

通过之前输入模型所创建的数据库,将各类资料对应输入模型各阶段各节点,之后采用场景管理方式从而实现各阶段场景切换,各专业场景切换,各节点场景切换以及相关数据对应各节点关联。

通过BIM三维综合信息系统平台,加载三维模型数据信息后,在平台界面展开对应的系统流程步骤图,显示相关的节点;通过选择鼠标单击可以进行场景切换;而后对其对应节点单击确认,就能够展示出对应节点的内容。

(一)视点切换

利用BIM三维信息档案资料书数据系统平台,加载北京市地下城市综合管廊技术,在场景中点抓捕四方体的点、线、面,作相应的视图;依据导航栏定位按钮,切换到模型视点,选择模型。

(二)空间测量

BIM三维综合信息档案资料的数据系统平台中通过加载北京市地下城市综合管廊的相关模型及数据后可以初步进行项目实际运用,所以应对部分拓展功能予以考量。首先本人认为重要的就是空间测量功能,所以预设如下:场景中选择导航栏空间测量按钮,打开下拉菜单,根据指引提示,进到测量点到参考面(线)垂直距离模式,参考线的垂直距离(可参考CAD),系统进入测量对象到参考面(线)垂直距离模式。

能够测量对象中心点到参考垂直距离;还可以通过系统实现对象中心点到垂直距离,进行点与点之间测量(可参考三维建模的软件);如想对空间进行面积测量,可点击测量角度按钮,系统空间角度的测量;点击测量面积按钮,系统进入测量面积模式,能够执行空间面积的测量。

五、管理逻辑关联

目前的互联网BIM技术能够实现与工程进度同步,反映最新的状况,起到对工程管理的支撑作用,其重要原因就是为可视化技术的优势。而可视化这一点最应该明确的便是各项数据信息的管理逻辑关联性,通过纵向时间关联与横向空间关联的管理逻辑思维,将BIM技术可视化的优势进行完全地展现,未来我们能够实现在模型中对建筑项目相关的内容信息进行搜索、查阅、定位等快捷操作。操作人员可以迅速全面地掌握各个档案之间、档案和实体项目之中的联系,方便地提取由兴建到运营的所有数据信息,了解所有自己想知道的具体情况,特别是层次之间的时间与空间的关系。所以,相关的空间和时间的关联是在搭建平台管理逻辑思维中必不可少的部分。

整个逻辑思维的相关搭建和关联可以大力加快及提升档案管理的效率,增强了档案管理的效果,做到了由面向过程的管理变化为面向对象的管理。

六、全生命周期管理操作流程

在整个建筑过程中,想要做到全生命周期档案管理,应不断更新及时保存相对应的电子档案,针对竣工前的施工变更,及时调整模型并进行模型更新,并根据实际施工中存在的工程变更对其资料也进行存档。

截至目前,该项目实例已经通过预设BIM三维综合信息档案资料书数据系统平台的相关联操作及架构的初步搭建,成为可借助信息查询功能的应用。BIM三维综合信息系统档案数据资源集成平台达到了预期目标。经初步测试可以发现预设平台操作方便。模型可通过各种不同的方式、角度直观地展示设计模型及相关基础档案数据,具体更细致的开发和运营后应在工程项目施工前进行建造预演,便于进行设计校审与纠错,提前发现和解决工程设计问题。

简单来说,即该平台的搭建与建立预计可以解决目前遇到的逻辑关系问题及管理周期问题。通过该平台可以做到逻辑清晰的全生命周期档案管理该项工作。而后当项目彻底落地,便可在补足项目在运用及不断搭建过程中遇见的种种难题及对应的解决办法,想必该研究及落地项目可以在BIM模型的档案管理范畴内提供有效的数据和经验。

参考文献

REFERENCES

[1]陈永刚.开源 GIS 与空间数据库实战教程[M].北京:清华大学出版社,2016.

[2]陈勇,廖琼,崔葳.智慧城市背景下我国智慧档案馆建设研究[J].中国档案,2018(01):237-249.

[3]冯惠玲,张辑哲.档案学概论[M].北京:中国人民大学出版社,2006.

[4]霍艳芳,陈可彦.基于博弈论的"城市记忆工程"多方参与研究[J].档案学研究,2016(02):47-51.

[5]加小双,徐拥军.中国"城市记忆"理论与实践述评[J].档案学研究,2014(1):22-32.

[6]蒋蓉.城建档案在智慧城市建设中的重要作用[J].中国档案,2018(10):58-59.

[7]李春娇.大数据视阈下数字档案馆信息服务研究[D].太原:山西大学,2016.

[8]梁丽芬.城建档案工作与城市记忆构建[J].城建档案,2016(11):85-86.

[9]凌怡娴.探析城市记忆和档案关系[D].济南:山东大学,2016.

[10]罗超.历史文化名城保护与立法的苏州实践[J].中国名城,2016(5):88-91.

[11]马鸿新.关于加强档案资源开发利用的思考[J].黑龙江史志,2014（05）:149.

[12]聂勇浩,熊健怡.建构"全民记忆":"城市记忆工程"中的社会参与[J].档案学研究,2016,01:91-95.

[13]阮桂林.信息化城建档案管理工作探讨[J].城建档案,2018（04）:17-18.

[14]尚岑.智慧城市视阈下城建档案信息服务研究[D].保定:河北大学,2017.

[15]四川省档案局.专业档案管理[M].成都:四川人民出版,2017.

[16]王立媛.档案记忆观视角下"城市记忆工程"研究[D].保定:河北大学,2016.

[17]夏琦波,申玲.城市建设工程管理[M].北京:化学工业出版社,2018.

[18]谢海洋,李鑫.新媒体视阈下城市记忆工程面临的问题及对策研究[J].北京档案,2016（7）:36-37.

[19]徐拥军.档案记忆观:21世纪档案学理论的新范式[J].山西档案,2017（4）:5-12.

[20]薛光,赵玉兰,刘静.城市建设与档案管理[M].海口:南方出版社,2018.

[21]薛光.城建档案与城市建设[M]北京:团结出版社,2017.

[22]杨诗涵.智慧城市发展中档案服务工作新走向[J].档案天地,2018（11）:37-40.

[23]智慧城市发展研究课题组."十三五"我国智慧城市"转型创新"发展的路径研究[J].电子政务,2016（3）:2-11.

[24]曾予新,郝伟斌.城市建设与工程项目档案管理[M].北京:中国铁道出版社,2018.